WEISHEIT DER WELT

AUGUSTINUS

BEKENNTNISSE

Gedanken und Erfahrungen
des großen Gottsuchers

Im O.W. Barth-Programm
bei Scherz

Weisheit der Welt – Band 6

Ausgewählt und zusammengestellt
von Petra Eisele

Scherz Verlag, Bern München Wien, für den
Otto Wilhelm Barth Verlag.
Alle Rechte an der Einleitung und an
der Textauswahl vorbehalten.

Zur Einführung

Aurelius Augustinus ist der größte der lateinischen Kirchenväter und überdies einer der bedeutendsten Heiligen des Katholizismus.
Im Unterschied zu Thomas von Aquin, in dem der Katholizismus seit Leo XIII. den allgemeinen Lehrer sieht, war der große Numidier am Übergang von der Antike zum Mittelalter (354 bis 430) keine harmonische Natur. In seinen *Confessiones*, dem ersten Bekenntnisbuch, das sich von allen späteren dadurch unterscheidet, daß hier der Lebensrückblick in ständigem Aufblick zu Gott geschieht – in diesem von geistiger Lebendigkeit vibrierenden Werk hat er selbst Einblick gegeben in die Abenteuer und Irrungen, die Spannungen und Seelenkämpfe einer Jugend künstlerischen Empfindens, vielseitiger Begabung, komplizierter und verfeinerter seelischer Bedürfnisse.

Jene Unruhe des Menschenherzens, die nach einem berühmten Satz der *Bekenntnisse* so lange dauert, «bis es Ruhe findet in Gott» – sie war auch Augustinus, dem Christen und Bischof von Hippo Regius, nicht fremd, bis hin zu seinem Ende inmitten des Vandalensturms, bis zu der einsamen Zwiesprache des Sterbenden mit Gott im Anblick der Bußpsalmen, die er sich in Riesenschrift vor sein Lager hatte hängen lassen.

Nicht, daß Augustinus lau im Glauben oder ein heimlicher Zweifler gewesen wäre. Die lange und bange Zeit des Suchens lag hinter ihm, die ihn auf verschlungenem Weg über den Manichäismus, Skeptizismus und Neuplatonismus zur Religion seiner Mutter Monika zurückgeführt hatte. Von der Wahrheit des Christentums war er fortan so durchdrungen, daß er sein glühendster und beredtester Verteidiger werden konnte.

Doch die christlichen Wahrheiten, die Augustinus mit Geschick und Energie verfocht, waren ihm nicht als sicheres Erbe zugefallen, sondern kristallisierten sich ihm selbst erst auf paulinischer Grundlage im Laufe lebenslanger Kämpfe heraus.

Einmal nur, so scheint es, nämlich im vertrauten Austausch mit seiner todbereiten Mutter, ist Augustinus der stufenweise Aufstieg zum letzten Geheimnis Gottes gelungen, von dem die *Confessiones* andeutend Kunde geben. Sonst eröffnete sich ihm dieses Geheimnis nur in blitzartigen Ekstasen, die einzig die Hoffnung zurückließen, daß der Mensch nach der Auferstehung dieser Schau dauernd gewürdigt werde.

Gerade Augustinus' Prädestinationslehre, in der er am meisten Gott die Ehre gab und am tiefsten an sein Geheimnis rührte, beläßt der menschlichen Situation einen letzten Beisatz von «Furcht und Zittern»: Würde er, dieser einzelne, schließlich zur Schar jener gehören, die Gottes unerforschlicher Ratschluß auserwählt hatte aus der «massa perditionis»?

Nicht zufällig drängt sich an dieser Stelle eine Wendung auf, die nicht dem katholischen, sondern dem protestantischen religiösen Denken entstammt. Denn der große afrikanische Kirchenvater, dem für den endgültigen Sieg des Christentums im geistigen Bereich eine ähnlich zentrale Bedeutung zukommt wie Kaiser Konstantin im politischen, gehört nicht nur einer Konfession an und läßt sich nicht, wie etwa Thomas, einfach mit dem Katholizismus identifizieren.

Außerdem aber hat der Mann aus Tagaste mit seiner leidenschaftlichen, nie ganz gestillten Sehnsucht nach dem ewigen Heil Wesentliches auch jenen Bewegungen mitgegeben, die aus dem katholischen Bereich hinausführten, und sein Einfluß auf Luther wie namentlich auf Calvin ist kaum zu überschätzen.

Es heißt den Wert seiner Leistung nicht schmälern, wenn man bedenkt, daß Augustinus der Sohn einer wild bewegten Übergangsepoche war, die ihm den Sinn für den Wert des Geschichtlichen ebenso schärfte wie die Einsicht in die letzte Hinfälligkeit alles Irdischen und das Empfinden für die Unerforschlichkeit des höchsten göttlichen Geheimnisses.

Wenn er uns heute mit eigentümlicher Dringlichkeit anspricht, so nicht am wenigsten deshalb, weil wir jetzt wiederum in einer Epoche des Übergangs und der Ungesichertheit leben, in der einmal öfter Dunkel über Gottes Ratschlüssen liegt und die Unruhe des Menschenherzens zugleich mit seiner Sehnsucht nach dem Heil bei allen wächst, die nicht blind in den Tag hinein vegetieren.

Fritz Kraus

GOTT IST ALLES IN ALLEM

Er ist in seiner Schöpfung – doch nicht wie Erde, Himmel, Bäume in ihr sind; nicht so ist er im All. Er ist ihm innewohnend; er schafft, indem er überall zugegen ist; kein Plätzchen ohne ihn.
Nicht von außen bewegt er das Universum, das er baut; er ist mit seiner Majestät in allem gegenwärtig, er schafft und leitet es als Gegenwärtiger. Durch seine unwandelbare, unvergleichliche Macht ist er in allen Dingen, weil in ihm alles ist – doch außer allen Dingen, weil er über allem ist.
Als über allem Seiender ist er in allem, und als in allem Seiender ist er über allem.

Und doch, preisen will dich, Gott, ein Mensch, dies Stücklein deiner Kreatur. Du selbst aber gibst den Antrieb; so beglückt es ihn, dich zu preisen. Denn zu dir hin hast du uns geschaffen, und unruhig ist unser Herz, bis es ruhet in dir.

Gott und die Seele begehre ich zu erkennen. Nichts sonst? Nichts! Nichts anderes weiß ich, als daß, was da fließt und vergeht, zu verachten, und was beständig und ewig, zu suchen ist. Weichen soll alles Verführerische und alle Kosungen sollen schwinden!
Gießen wir aus unsere Seele und gestehen es ein in Tränen, seufzend bekennend, sehnsüchtig in Armseligkeiten: Was außer Gott für uns ist, tut uns nicht gut. Wir wollen nichts von allem, was er gab, wenn nicht er, der alles gab, sich selber gibt.

Der majestätische, unwandelbare Gott – wer schweigt über ihn? Wo wird er nicht genannt von Forschenden, Fragenden, Antwortenden, Lesenden, Preisenden, Singenden, was immer Redenden – schließlich sogar Lästernden? Und doch, obwohl niemand über ihn schweigt, wer ist, der ihn faßte, wie er zu fassen? Er ist immerfort auf den Lippen und in den Ohren der Menschen; aber wer ist, dessen Geist heranreichte an ihn?
In menschlichen Dingen findet die Vernunft sich zurecht – wenn nicht durch den Besitz

der Wahrheit, so doch im Geleit der Gewohnheit. Gelangt sie aber vor Gott, da vermag sie nicht hinzuschauen, zittert, erregt sich, streckt sich vor Verlangen – und prallt zurück vor dem Licht, um zurückzufallen (nicht aus freier Wahl, sondern aus Ermattung) in die gewohnte Dunkelheit (unter Verzicht auf alle Denkbegriffe) und in Stille, da nur des Herzens wortlose Töne erklingen.

GOTTES WEGE SIND
UNERFORSCHLICH

Was vermag ein Mensch zu sagen von Gott? Seine Gerechtigkeit ist uns nicht offenbar hienieden. Es ist uns unbekannt, auf welchem Gericht Gottes es beruht, daß dieser Gute arm, jener Böse reich ist; daß der eine, der nach unserem Urteil wegen seiner Schurkerei verzehrenden Qualen müßte überliefert sein, in Freuden lebt; daß ein anderer, dem sein guter Wandel Glück verbürgen sollte, ein kummervolles Dasein führt, daß dieser Gottlose sich strotzender Gesundheit erfreut und jener Fromme in Krankheit und Schwäche dahinsiecht; daß Menschen, die der Allgemeinheit nützlich wären, von frühem Tode hinweggerafft werden, während andere, die nach menschlichem Ermessen besser nicht geboren wären, auch noch recht lange leben; daß ein Schurke zu hohen Ehren gelangt und der Mann ohne Tadel im Dunkel verschwindet und niemand ist, der von ihm weiß.

Fände sich wenigstens Beständigkeit in dem, was Widersinn erscheint – indem nur die Schlechten die vergänglichen Güter der Erde erlangen und nur die Guten dabei Übel zu erdulden hätten –, so könnte man dies auf Gottes gerechten, gütigen Plan zurückführen:

Wer die ewigen, allein beglückenden Güter nicht erlangen soll, wird durch die irdischen seiner Schlechtigkeit gemäß verblendet und der göttlichen Barmherzigkeit gemäß getröstet; wer dagegen keine ewigen Qualen zu gewärtigen hat, wird durch die Übel dieser Zeit für alle seine (auch die kleinsten) Mängel heimgesucht und zur Vollendung seiner Tugend geprüft.

So aber, da die Guten nicht ausschließlich dem Übel preisgegeben sind und die Schlechten nicht ausschließlich Gutes genießen, sondern im Gegenteil sehr häufig auch den Schlimmen Schlimmes widerfährt und den Guten Gutes zuteil wird, erscheint die Gerechtigkeit Gottes noch geheimnisvoller, sind seine Wege noch unerforschlicher.

Seine einfache und doch vielgestaltige Weisheit umfaßt demnach mit einer Art unfaßlichen Umfassens alles Unfaßbare, nicht auf menschliche Weise vorausschauend das Künftige, anschauend das Gegenwärtige, zurückschauend auf Vergangenes, sondern alles ist in ihm ein unwandelbares Jetzt.

Was ich gesprochen habe, ist nicht mehr; was ich sprechen werde, ist noch nicht. Was ich erlebt habe, ist nicht mehr, was ich erleben werde, ist noch nicht. Betrachte die Wandlungen der Dinge: Es ist gewesen, und es wird sein. Denke an Gott, und du findest ein gleiches «Ist», darin weder Gewesenes noch Zukünftiges ist: ein immer gegenwärtiges Jetzt.

RUHE UND WIRKEN –
FÜR GOTT IST ALLES EINS

Wie er im Anfang Himmel und Erde in seinem Plan trug ohne Wandlung seines Schauens, so hat er sie geschaffen ohne Erweiterung seines Wirkens. Wenn der Gerechte anfängt, Gottes Freund zu werden, ist es Veränderung des Menschen – denn ferne sei der Wahn, daß Gott auf menschliche Weise liebe, gleichsam mit einer neuen Neigung, die vorher nicht in ihm gewesen!
Sagt man, Gott zürne dem Bösen und neige sich in Gnade zu den Guten, so ist die Veränderung bei diesen, nicht bei ihm – wie das Sonnenlicht das kranke Auge schmerzt, dem gesunden aber wohltut, indem das Auge sich änderte, nicht das Licht.

Wir tun nicht recht daran, zu glauben, daß Gott sich anders verhalte in der Ruhe als im Wirken. Ja, in ihm ist ein Wechsel des Verhaltens, als ginge in seinem Wesen jemals etwas vor, was vordem nicht in ihm gewe-

sen, überhaupt nicht anzunehmen. Denn wer einen Wechsel seines inneren Zustands erfahren kann, befindet sich im Zustand des Erleidens, und alles, was erleiden kann, ist auch veränderlich.
So ist denn seine Ruhe unvereinbar mit jeglicher Vorstellung von Laschheit, Trägheit, Müßigsein, wie auch bei seinem Wirken der Gedanke an Arbeit, Mühsal und Betriebsamkeit ausgeschlossen ist. Er weiß im Ruhen zu schaffen und im Schaffen zu ruhen. Er vollbringt ein neues Werk ohne neuen Entschluß, denn alles schöpft er aus dem einen ewigen.

Das ist im höchsten Sinn «Sein» und «Wesen» zu nennen, was immer in derselben Weise sich verhält, was durch und durch sich selbst gleich ist, was in keiner Hinsicht verdorben oder gewandelt werden kann, was nicht der Zeit unterliegt, was sich jetzt nicht anders verhalten kann als vorher. Das nämlich ist das, was man im wahrsten Sinn «Sein» und «Wesen» nennt. Denn in diesen Worten ist der Hinweis auf eine in sich ruhende und unwandelbare Natur enthalten.

Das können wir nicht anders als Gott nennen, zu dem, wenn du ein Gegenteil richtig suchst, nichts überhaupt ist. Sein und Wesen hat nämlich kein Gegenteil, wenn nicht das Nicht-Sein.

GOTTES WORT KENNT
VIELE SPRACHEN

Auf mancherlei Weise redet Gott zu uns. Das eine Mal spricht er durch Gebilde von Menschenhand, etwa durch das Buch der heiligen Schriften; ein andermal spricht er durch ein Zeichen der Schöpfung, wie der Stern zu den Weisen sprach...

Er spricht durch Stimmen oder Töne seiner Kreaturen, wie wir lesen, daß Stimmen vom Himmel ertönten, wo niemand etwas sah – ferner redet Gott zum Menschengeist, nicht äußerlich durch Ohr und Auge, sondern innerlich im Herzen, redet auf mancherlei Weisen...

Und schließlich spricht er ohne jedes Mittel, rein im Geiste, wenn dem Menschen Gottes Majestät und Wille aufgeht. Denn solches wird dem Menschen nur zuteil, indem gleichsam innerlich der Wahrheit heimlich Rufen erklingt.

Überall ruft Gott zur Heiligung, überall ruft er zur Buße: ruft durch irdische Wohltat, ruft durch Verlängerung der Lebensfrist, ruft durch Lesung, ruft durch Predigt, ruft durch den heimlichsten Gedanken, ruft durch scharfes Tadelwort, ruft durch himmlischen Trost «langmütig und voll Erbarmen».

Nicht durch Wort, nicht durch Buchstaben, nicht so pflegt zu reden die Wahrheit; zu aufgeschlossenen Herzen spricht sie im Innern, belehrt ohne Schall, erleuchtet mit dem Licht des Geistes – nicht durch tönendes Gesetz und Lehre: durch eine innere, verborgene, wunderbare, unaussprechliche Macht wirkt Gott im Menschenherzen – schenkt nicht nur wahre Offenbarungen, sondern erweckt auch den guten Willen.

Wenn ich erst mit meinem ganzen Wesen dir anhange, Herr, dann wird nirgends Schmerz mir sein und Mühe, und mein Leben, ganz voll von dir, wird erst lebendiges Leben sein. Wen du erfüllst, den richtest du auf, ich aber, weil ich deiner noch nicht voll, ich bin mir selber jetzt zur Last. Es streiten noch meine jämmerlichen Freuden mit

freuenswerten Kümmernissen, und wo der Sieg sein wird, ich weiß es nicht.
Ach, erbarm dich meiner, Herr! Ach! Sieh, meine Wunden verhehle ich nicht: Arzt bist du, ich bin krank; du bist erbarmungsvoll, ich bin erbärmlich.

Gott ist gnädig in seinem Zorn. Er zürnt nur, um zu erschüttern, er übt Gnade, um zu heilen. Er zürnt, um den alten Menschen zu töten, er übt Gnade, um den neuen zu beleben. In einem und demselben Menschen wirkt es dies; in einem ist er sowohl der Zürnende wie der Gnädige. Er zürnt gegenüber der Irrung, er ist gnädig gegenüber der Besserung. «Ich will schlagen, und ich will heilen; ich will töten, und ich will lebendig machen.»

«Herr, zeige uns deine Barmherzigkeit!» Selig, wem du deine Barmherzigkeit erzeigest! Dann sieht er, daß sein Gutes nur von dir ist, der du all unser Gut zumal bist; und indem er dies erkennt, ist er nicht hochmütig; und nicht hochmütig, erhebt er sich nicht; und sich nicht erhebend, fällt er nicht; und nicht fallend, steht er; und stehend, hängt er dir an; und dir anhangend, bleibt er in dir; und in dir bleibend, genießt er dich und freut sich in dir, dem Herrn, seinem Gott.

DAS SONNENLICHT
DER EWIGEN WAHRHEIT

Die Freude des menschlichen Herzens über das Licht der Wahrheit, über den Reichtum der Weisheit, diese Freude eines menschlichen, edlen, reinen Herzens – o keine Lust der Sinne ist, die damit irgendwie verglichen werden könnte!
Sie ist von ganz anderer Gattung, ein ganz anderes. Was war die Freude der Maria, was aß und trank sie mit der Inbrunst ihres Herzens? Heilige Wahrheit. An der Wahrheit freute sie sich, der Wahrheit lauschte sie, der Wahrheit öffnete sie den Mund, nach der Wahrheit seufzte sie, an der Wahrheit sättigte sie ihren Hunger und Durst, und sie wurde erquickt, ohne daß das, was sie genoß, vermindert wurde.

Das ist der Inbegriff hoher Weisheit für den Menschen: zu wissen, daß er aus sich nichts ist und alles, was er ist, nur aus und für Gott.

O ewige Wahrheit und wahre Liebe, was für Qualen litt mein Herz in den Geburtswehen der Erkenntnis – denn wahrlich, nicht die Wahrheit suchen macht selig, nein, sie besitzen. Was für Seufzer schickte ich zu dir, mein Gott!

Dein Ohr vernahm es, ohne daß ich davon wußte, und während ich in der Stille forschte und grübelte, war der lautlose Kampf meines Herzens ein gewaltiger Schrei nach deinem Erbarmen. Du wußtest, was ich litt; kein Mensch wußte es. Wie wenig drang davon über meine Lippen an das Ohr meiner vertrautesten Freunde! Zu dir seufzte ich Tag und Nacht. Und ich sprach: Ist denn die Wahrheit nichts?

Ich fragte die Erde; sie erwiderte: Ich bin es nicht; und alles, was auf ihr, bekannte das gleiche. Ich fragte das Meer und die Abgründe und das Gewürm, das darinnen lebt, und sie antworteten: Wir sind nicht dein Gott; über uns suche ihn! Ich fragte die wehenden Winde, und der gesamte Luftkreis mit seinen Bewohnern tönte: Nicht dein Gott! Ich fragte Himmel, Sonne, Mond und Sterne; und sie hallten wider: Auch wir sind nicht Gott, den du suchest! – So flehte ich alle Dinge an, die meinen Sinnen sich boten: O redet mir doch von meinem Gott, da ihr's nicht seid; sagt mir etwas von ihm!

Da riefst du, Gott, aus weiter Ferne: «Fürwahr, ich bin, der ich bin.» Es war deine Stimme, von ferne, doch deutlich. Und ich hörte, wie man hört mit dem Herzen. Durch innere Stachel triebst du mich, daß ich keine Ruhe fände, bis ich deiner gewiß sei durch innere Erkenntnis.

So drang ich denn in mein Inneres vor unter deiner Führung, mein Gott, und schaute mit den Augen meiner Seele – wie trüb sie auch waren – und schaute über mir ein unwandelbares Licht; nicht ein gewöhnliches, wie es allem Fleische sichtbar, nicht ein solches, das gleicher Art wäre, nur hehrer und heller leuchtete und alles erfüllte mit seinem Glanz – nein, nicht so war es, vielmehr ein Licht von völlig anderer Art.

Wer die Wahrheit kennt, kennt dieses Licht, und wer es kennt, der kennt die Ewigkeit. Die Liebe kennt es. O Wahrheit, in dir liegt die Ewigkeit. O Liebe, in dir liegt die Wahrheit. O Ewigkeit, in dir liegt die Liebe: Du bist mein Gott.

Wann wärst du nicht mit mir gegangen, Wahrheit, und hättest mich nicht gelehrt, was ich fliehen und was ich suchen soll, wenn ich nur alles, was ich hier auf Erden sah, so gut ich's konnte, vor dich brachte und um deinen Rat dich bat?
Die Welt dort draußen habe ich durchforscht mit meinen Sinnen, so gut ich konnte, und hatte auf das Leben meines Leibes acht, auf mich und meine Sinne. Und so betrat ich alle Winkel des Erinnerns, all seine weiten Räume, so wundersam erfüllt mit tausend ungezählten Dingen, und ich betrachtete, und ich erschauderte, und nichts war, das ich hätte unterscheiden können ohne dich, und nichts darunter fand ich, was du wärest.
Und auch ich war es nicht, der ich dies fand und der dies alles nun durchwandelte und alles suchte abzuschätzen und zu unterscheiden nach seinem Wert und seiner Würde, das eine aus den Händen meiner

Sinne nehmend, das andere aus mir selbst erfragend, die Sinne selber, meine Boten, jetzt prüfend und jetzt zählend, und aus den Schätzen des Erinnerns dies greifend, anderes beiseite legend, anderes ermittelnd, ich selbst, der ich dies alles treibe, bin es nicht, noch ist's die Seelenkraft, womit ich's treibe, denn du, o Wahrheit, bist das ewige Licht, das mich erleuchten soll, zu sehen, ob da ist und was da ist und wie's zu werten sei.

BEHANDLE MIT EHRFURCHT, WAS DEINER EINSICHT NOCH VERBORGEN IST!

Dies ist der Sinn des Geheimnisses: Behandle mit Ehrfurcht, was deiner Einsicht noch verborgen ist! Sei um so ehrfürchtiger, je dichter der Schleier!

Gleichsam absteigend zu uns beginnt die Gnade des Geistes mit der Weisheit und mündet in die Furcht. Wir aber, aufsteigend, vom Unten zielend zum Höchsten, müssen beginnen mit der Furcht und münden in die Weisheit.

Groß sind diese beiden Gaben, Weisheit und Enthaltsamkeit; Weisheit, durch die wir in Gottes Erkenntnis gebildet werden, Enthaltsamkeit aber, durch die wir dieser Welt nicht angebildet werden.

Und ich vernahm gar wohl, wie du mich lehrtest, wie du mir gebotest. Oftmals tu ich es, und immer ist's mir Freude, und so oft ich kann, flieh ich aus diesem Zwang und Wirrwarr der Geschäfte zu dieser Freude, mir die Seele zu erquicken.

Und in allem, was ich suchend dann durchlaufe, finde ich für meine Seele keinen sicheren Ort als nur in dir, der du zu sammeln weißt, was ich zerstreut, und der nicht zuläßt, daß sich einer weg von ihm verirre. Und manchmal führst du meine Seele in ein so unfaßbares Meer der rätselvollsten Wonne tief drin im Inneren, jenseits von dem gewohnten Weg des Empfindens.

Und wenn ich diese Wonne dann in ihrer letzten Fülle fühle, so weiß ich nicht, was es noch geben könnte, das nicht dieses Leben wäre.

Doch das Gewicht des Elends zieht mich wieder herab, und ich versinke im Gewohnten, und es hält mich fest.

Warum erzeugt die Wahrheit Haß? Nur darum, weil man die Wahrheit derart liebt, daß alle, die etwas anderes lieben, wünschen müssen, es möchte, was sie lieben, die Wahrheit sein; und weil sie nicht getäuscht sein wollen, darum wollen sie sich nicht

überführen lassen, daß sie die Getäuschten sind.
Und sie hassen die Wahrheit um desselben Dinges willen, das sie als Wahrheit lieben. Sie lieben an ihr das Licht, sie hassen an ihr das Gericht. Denn weil sie nicht betrogen sein, aber selber betrügen wollen, so lieben sie Wahrheit, die sich offenbart, und hassen die Wahrheit, an der sie offenbar werden. Aber sie zahlt es ihnen heim: Wer nicht von ihr enthüllt sein will, den enthüllt sie gegen seinen Willen, und sie selbst verhüllt sich ihm.

Cicero sagt von jemandem: «Nicht ein Wort hat er gesprochen, von dem er das Bedürfnis gehabt hätte, es zurückzunehmen.» Das erscheint vielleicht als außerordentliches Lob. In Wirklichkeit paßt es besser auf einen Dummkopf als auf den vollkommen Weisen. Gerade den Erznarren ist es eigen, niemals ein Wort zurücknehmen zu wollen, je weiter sie von aller Vernunft entfernt und je törichter und geistloser sie sind. Die Einsichtigen hingegen sind es, die ein unrechtes oder törichtes oder unpassendes Wort bereuen. Ich wage zu sagen, daß es für Hochmütige gut ist, in eine offenbare Sünde zu fallen, damit sie sich selbst mißfallen – sie, die durch Selbstgefälligkeit bereits gefallen waren.

Gottes Gegenwart lebt im Geist und im Gewissen.
In der Vernunft eines Menschen, welcher der Freiheit mächtig ist, lebt ein Gesetz, von Natur ins Herz geschrieben; es mahnt ihn, einem andern nicht zu tun, was er selbst nicht leiden möchte. Auch die verderbteste Seele, wenn sie nur eben fähig ist zu denken, hört im Gewissen die Stimme Gottes.
Woher sonst hätten die Gottlosen jene Erkenntnis der sittlichen Normen, die doch offenbar nicht die ihren sind? Aus ihrer eigenen Natur können sie sie unmöglich ablesen; denn diese ist veränderlich, jene Normen aber sind ohne Wandel. Aus ihrem Geist können sie sie ebensowenig geschöpft haben; denn es sind Normen der Sittlichkeit – die ihnen abgeht. Wo anders also steht geschrieben dieses heilige Gesetz als im Buch jenes Lichtes, das da «Wahrheit»

heißt, aus welchem jede sittliche Regel abgeleitet und in das Herz des Menschen eingetragen ist und gleichsam eingeprägt, wie das Bild des Siegelringes sich auf Wachs überträgt und dabei doch haften bleibt auf dem Ring?

Du bist die Wahrheit, die da über allem thront. Doch ich in meiner Habsucht wollte dich nicht lassen und wollte doch mit dir zugleich die Lüge auch besitzen; wie ja kein Mensch so in der Lüge ist, daß er nicht selber wüßte, was die Wahrheit ist.
Und so verlor ich dich, weil du dich nicht besitzen lassen willst zusammen mit der Lüge.

Gott also ist es, der im Gewissen des Guten wie des Bösen spricht. Denn Ja sagen zu seinem besseren Wesen, Nein zu seiner Sünde, das kann in rechter Weise nur, wem in der Stille des Herzens die Stimme der Wahrheit das Wort des Lobes oder des Gerichtes spricht. Die Wahrheit aber ist Gott.

WAS IST DER MENSCH?

Was ist der Mensch? – Ein Abgrund im Guten wie im Bösen. Der Ursprung der Seele in Dunkel gehüllt; unendlich das Verlangen nach Glück. – Welch groß Geheimnis ist der Mensch!

Die Freude an der Welt ist eitel. Mit lebhaften Erwartungen hofft man, daß sie komme, und ist sie gekommen, so kann man sie nicht festhalten. Alles vergeht, alles enteilt, alles entschwindet wie Rauch. Wehe denen, die solches lieben! Denn jede Seele folgt dem, was sie liebt.

Schon die sogenannten Urgüter der Natur: Wann, wo und wie wären sie hienieden in so trefflicher Verfassung, daß sie nicht unter unberechenbaren Zufällen schwankten? Man nenne den Schmerz – das Gegenteil von Lust –, man nenne die Unruhe – das Gegenteil von Ruhe –, vor der das äußere

Dasein auch des Weisen gesichert wäre! Jede Verstümmelung, jede Lähmung der Glieder zerstört die Unversehrtheit des Menschen, jede Entstellung seine Schönheit, jedes Unbehagen sein Wohlbefinden, jede Ermattung seine Kraft, jede Art von Betäubung oder Lähmung seine Beweglichkeit; und was von all dem kann nicht das Leben eines Menschen heimsuchen?

Sodann des Geistes angeborene Güter, wie man sie nennt und von denen die fünf Sinne und der Verstand an der Spitze stehen: Weil der Verstand in seinen Forschungen so dürftig ist, darum ist er in seinen Ausführungen breit und geschwätzig. Das Suchen braucht mehr Worte als das Finden, das Bitten währt länger als die Erfüllung, die anklopfende Hand ist länger beschäftigt als die empfangende. Und wie belanglos und dürftig ist, was von den Sinnen übrig bleibt, wenn jemand auch nur einen, das Auge, verliert!

Und wohin ziehen sich Vernunft und Erkenntnis zurück, wo halten sie ihren Schlaf, wenn jemand durch Krankheit um seinen

Verstand kommt? Der einzelne lebt in der Gemeinschaft. Aber ist die Menschheit nicht gerade in ihren Gemeinschaftsformen überflutet von Übeln, so zahlreich und schwer, daß man in der Aufzählung erlahmen, in der Abwägung sein Unvermögen eingestehen müßte?

Du wirst sterben; als Mensch bist du geboren. Wohin willst du gehen, was tun, um nicht zu sterben? Du wirst sterben, du hast keinen Ausweg. Mag es heute sein, mag es morgen sein: Du wirst sterben. Die Schuld muß eingelöst werden. Was erreichte ein Mensch, wenn er sich fürchtet, wenn er sich verkriecht, um nicht gefunden zu werden vom Feind? Etwa, daß er nicht stirbt? Wie lange er auch verschoben werden mag, der Tag: Er wird kommen.

DAS ELEND DES MENSCHEN

Zwei Peiniger der Seele gibt es. Nicht gleichzeitig quälen sie, sondern abwechselnd einer nach dem anderen: Ihre Namen sind Furcht und Schmerz. Geht es dir wohl – siehe, die Furcht ist da; geht es dir übel – siehe, da ist der Schmerz. Denn wohin die Seele des Menschen sich außer dir wendet, o Herr, überall heftet sich Schmerz an sie. Wen täuschte nicht das Glück der Welt? Wen brach nicht ihr Unglück? Wir Menschen haben eine gemeinsame Sache: das Elend – möchte es nicht auch das sittliche Elend sein!

Schon das bloße Dasein ist mit einer Art natürlicher Wucht so sehr ein Gut, daß aus keinem anderen Grund sogar jene, die elend sind, nicht umkommen mögen, und wenn sie fühlen, daß sie elend sind, nicht sich von dem Elend, sondern das Elend von sich entfernen wollen.

Ja, selbst solche, die sich im höchsten Grade elend dünken und es auch wirklich sind und nicht bloß von Toren, die sich weise nennen, sondern auch von Menschen, die sich für selig halten, als Elende beurteilt werden, weil sie in äußerster Dürftigkeit schmachten, selbst sie würden, sofern jemand ihnen die Unsterblichkeit dergestalt antrüge, daß entweder auch ihr Elend dabei fortbestünde oder daß sie, falls sie nicht immer in dem nämlichen Elend verbleiben wollten, nie und nimmer leben, sondern gänzlich vernichtet werden sollten: Fürwahr, sie würden vor Freuden aufjauchzen und lieber wählen, immerdar elend als gar nicht zu sein.

Ist nicht «Versuchung das menschliche Leben auf Erden»? Wer wollte denn Mühsal und Beschwer? Sie zu ertragen, das verlangst du; nicht sie zu lieben.
Keiner hat gern, was er tragen muß, auch wenn er gern trägt. Denn ob er gleich am Tragen Freude hätte, er wollte lieber, daß nicht wäre, was er tragen muß. Im Unglück ersehne ich das Glück, im Glück bin ich in Furcht vor Unglück.

Wo ist dazwischen die goldene Mitte, wo das Menschenleben nicht Versuchung wäre?
Weh dem Glück dieser Welt!
Weh und aber wehe, weil diese Furcht ist vor dem Unglück und weil Verderben lauert in der Freude.
Weh dem Unglück dieser Welt, zweimal, dreimal Wehe, weil dieses Sehnen ist nach Glück und weil das Unglück hart zu tragen ist und die Kraft so bald zerbricht.
Ist des Menschen Leben auf der Erde nicht Versuchung ohn Unterlaß?

DER MENSCH UND SEINE FREIHEIT

Wer aus Liebe dient, dient frei. Hingebend tut er, was ihm aufgetragen – tut nicht mehr in Furcht, was ihm aufgezwungen.
Dieser vollkommene Gehorsam «weiß von keinem Gesetz». Das Gesetz der Freiheit ist das Gesetz der Liebe.

Wer von uns möchte behaupten, durch die Sünde des ersten Menschen sei das freie Wahlvermögen im Menschengeschlecht zugrunde gegangen? Wohl ging Freiheit durch Sünde zugrunde – jene Freiheit, die im Paradies war: der Vollbesitz der Gerechtigkeit mit unsterblichem Leben. Darum bedarf die menschliche Natur der göttlichen Gnade (um wieder heilsgemäß zu wirken). «Niemand kommt zu mir, wenn nicht der Vater ihn zieht, der mich gesandt hat.»

Vielleicht sagt jemand: «Also wirken wir nicht selbst: Wir werden getrieben.» – Doch nicht. Du wirkst und wirst getrieben. Dann wirkst du gut, wenn du von dem getrieben wirst, der da ist der Gute.
Gottes Geist, der dich treibt, ist Hilfe bei deinem Werk.

Unser Wille liegt nicht außerhalb seines Einflusses: Gott ist seiner gewiß, er hat ihn beschlossen in seinem ewigen Wissen. Er ist es, der den guten Willen der geschaffenen Geister trägt, den bösen richtet und diesen wie jenen einfügt in seinen Plan.

Vielleicht vernichten wir durch die Gnade den freien Willen? Das sei ferne! Durch die Gnade kommt der Seele die Heilung vom Übel der Sünde, durch die Heilung der Seele kommt die («neue») Freiheit des Willens, durch die Freiheit des Willens kommt die Liebe zur Gerechtigkeit, durch die Liebe zur Gerechtigkeit kommt die Erfüllung des Gesetzes.

Vermöge seiner Wahlfreiheit kann der Mensch sich sowohl für das Gute entscheiden und ein guter Baum werden als auch das Böse wählen und ein schlechter Baum werden. Diese Wahlfreiheit wird nicht aufgehoben, wenn Gott hilft; vielmehr ist es «Hilfe», weil nicht Aufhebung. Denn wer zu Gott sagt: «Sei mein Helfer!», bekennt sich einerseits bereit zu erfüllen, was befohlen, andrerseits hilfsbedürftig von seiten dessen, der befohlen.

Alles leitet und regiert Gott nach seinem Willen: der menschlichen Schicksale Herr und Lenker. Seinem Willen ist alles unterworfen, und ihm untersteht ein jeder Wille. Denn niemand hat eine Macht außer der, die ihm von Gott ward zugemessen. Das Gebet eines Menschen vermag so viel, wie Gott, der es vorausgewußt, im Hinblick darauf ihm gewähren wollte. So viel und nicht mehr vermögen die Dämonen, wie der verborgene Ratschluß des Allmächtigen ihnen zugesteht.
Der Wille ist (schon von Natur) in unserer Gewalt; darum sind wir frei.

WO DEMUT IST,
DA IST AUCH GRÖSSE

Gut ist Gott und gerecht ist Gott.
Erhoffe Gottes Reich nicht von deiner Gerechtigkeit – verlaß dich beim Sündigen nicht auf seine Barmherzigkeit!
Zwei Dinge töten die Seele: Verzweiflung und Vermessenheit. Die einen tötet die Hoffnung, die anderen die Hoffnungslosigkeit. Niemand soll sich quälen, ihm könne nicht verziehen werden. Aber auch niemand soll in falscher Sicherheit leben.

Es gibt ein gutes und wahres Vertrauen, und das befreit; es gibt ein verkehrtes, das trügt.

Ein Gotteskind ist, wer da weiß, von wem er zu erhoffen hat, was er noch nicht hat – nicht aber der, welcher sich selber zuschreibt, was er hat. Sicherlich wollen *wir*, wenn wir wollen; aber *er* macht, daß wir wollen. Das Gesetz weiß zu befehlen, die Gnade weiß zu helfen. Das Gesetz würde

nicht befehlen, wenn es keinen Willen gäbe; die Gnade würde nicht helfen, wenn der Wille ausreiche.
Es wird uns befohlen, verständig zu sein – und doch beten wir um Verstand; es wird uns befohlen, weise zu sein – und doch beten wir um Weisheit; es wird uns befohlen, enthaltsam zu sein – und doch beten wir um Enthaltsamkeit.
Wie wir aus diesen Geboten das Vorhandensein des Willens erkennen, so erkennen wir aus den Gebeten die Gnade.

Güte des Herrn ist es, wenn er uns oftmals nicht gibt, was wir wollen, damit uns zuteil werde, was wir wollen sollten. Sind doch viele elender geworden, indem sie erhielten, was sie wünschten, als da sie es vermißten.

Es gibt Geheimnisse in der menschlichen Brust, die dem Menschen selbst verborgen sind. Bei Versuchungen kommen sie ans Tageslicht, da erscheinen sie und werden offenbar. Es kennt der Mensch sich nicht, er lerne sich denn kennen in Versuchung.

Hört Gott auf zu versuchen, so hört der Meister auf zu lehren.

Wo Demut ist, da ist auch Größe. Wer aber sich gefällt, der gefällt einem törichten Menschen.
Lieber Bruder, würdest du wohl stolz sein, wärest du nicht leer? Wärest du voll – du würdest nicht aufgeblasen sein. Besser ist demütige Furcht als ein stolzes Vertrauen, und mehr gefällt Gott Demut in Sünde als Stolz in Tugend. Besser ein demütiger Sünder als ein stolzer Gerechter.

Da wir leben in Menschen-Dingen, können wir nicht auswandern aus Menschen-Dingen. Mit Duldsamkeit müssen wir leben unter den Bösen; denn da wir böse waren, lebten mit Duldsamkeit Gute unter uns. Indem wir nicht vergessen, was wir waren, werden wir nicht verzweifeln an denen, die jetzt sind, was wir waren. «Gott der Heerscharen, kehr uns zu dir, zeig uns dein Antlitz, und wir werden heil.»
Denn wohin sich, ohne dich zu haben, die Seele des Menschen auch wendet, so haftet

sie dem Schmerz an, mag sie – außer dir und außer ihr – an den schönsten Dingen haften. Denn die wären nichts, wären sie nicht kraft deiner. Sie werden und vergehen. Und im Werden heben sie an zu sein, und sie wachsen, um sich zu vollenden, und vollendet altern sie und gehen dahin.

Und kommt nicht alles zu Alter, so geht doch alles dahin. Und was entsteht und strebt zu sein – je mehr es wachsend eilt, um zu sein, so mehr auch eilt es, nicht zu sein. So ist es ihnen gesetzt.

Soviel hast du ihnen zugeteilt, denn sie sind jedes nur Part in dieser Welt der Dinge, die nicht alle im Zugleich bestehen; sondern kommend und gehend agieren sie das All, von dem sie Teile sind.

Mit Recht anerkennt und preist die wahre Religion Gott als den, der die ganze Welt und mit ihr auch alles Lebendige, Leib und Seele, geschaffen hat. Und unter allem, was auf Erden ist, hat er als Vorzüglichstes den Menschen geschaffen nach seinem Bild und hat ihn geschaffen als Einzigen, aber nicht gelassen als Einsamen.

Denn nichts ist wie dies Menschengeschlecht so zwieträchtig durch Sünde, so gesellig von Natur. Und nichts Besseres, das Laster der Zwietracht zu verhüten, daß es nicht entstehe, und zu heilen, wenn es entstanden, könnte die menschliche Natur sprechen als das Gedächtnis dieses ersten Vaters, den Gott deshalb als einzige Wurzel seines reichen Stammes hat schaffen wollen, damit durch solche Mahnung auch unter der Vielheit Eintracht und Einheit sei.
Und daß das Weib ihm aus seiner Seite gemacht ist, auch damit ist deutlich genug gesagt, wie lieb und teuer des Gatten und der Gattin Bündnis sein soll. Ungewöhnlich freilich sind diese Werke Gottes, weil sie erstmals geschahen.
Die aber an sie nicht glauben, die dürfen gar keine Wunder glauben, denn Wunder nennt man nicht, was nach dem Brauch und Laufe der Natur geschieht. Und gäbe es, geleitet von Gottes ewiger Vorsehung, etwas, wäre auch sein Grund verborgen, das umsonst geschähe? So sagt ein heiliger Psalm: «Kommet und sehet die Werke des Herrn, die er gar wunderbar auf Erden gesetzt hat.»

DIE MACHT DES GEDÄCHTNISSES

Groß ist die Macht des Gedächtnisses. Welch schauerlich Geheimnis, mein Gott, welch tiefe, uferlose Fülle! Und das ist die Seele, und das bin ich selbst! Was bin ich also, mein Gott? Was bin ich für ein Wesen? Ein Leben so mannigfach und vielgestalt und völlig unermeßlich!

Mein Gedächtnis, siehe, das sind Felder, Höhlen, Buchten ohne Zahl, unzählig angefüllt von unzählbaren Dingen jeder Art, seien es Bilder, wie insgesamt von den Körpern, seien es die Sachen selbst, wie bei den Wissenschaften, seien es irgendwelche Begriffe oder Zeichen, wie bei den Bewegungen des Gemüts, die sich, wenn die Seele auch schon nicht mehr leidet, im Gedächtnis erhalten und also mit diesem in der Seele sind.

Durch alles dieses laufe ich hin und her, fliege hierhin, dorthin, dringe vor, so weit ich kann, und nirgends ist Ende. Von solcher Gewaltigkeit ist das Gedächtnis, von solcher Gewaltigkeit ist das Leben im Menschen, der da sterblich lebt.

Was also soll ich tun, du mein wahres Leben, du mein Gott? Hinaus will ich selbst über diese meine Kraft, die Gedächtnis heißt, hinaus will ich über sie, um an dich zu reichen, süßes Licht! Was sagst du mir?

Indem ich über meine Seele mich zu dir erhebe, der du dauerst über mir, werde ich auch diese meine Kraft, die Gedächtnis heißt, übersteigen, willens, dich zu berühren, von wo man dich berühren kann, mich an dich hängen, von wo man an dir hängen kann. Denn Gedächtnis haben Vieh und Vogel auch, wie fänden sie sonst Nest und Lager wieder und manches andere, woran sie sich gewöhnt; ja, sie vermöchten an keinerlei Dinge sich zu gewöhnen ohne Gedächtnis.
So will ich denn hinaus auch über das Gedächtnis, um den zu berühren, der mich geschieden hat von den vierfüßigen Tieren und weiser mich geschaffen, als was da fliegt am Himmel.

Auch über mein Gedächtnis will ich hinaus, um dich – wo? – zu finden, du wahrhaft Guter, du wahrhaft verläßliche Wonne, ja – wo dich zu finden? Denn finde ich dich draußen und nicht bei mir im Gedächtnis, so bin ich ja deiner nicht gedenk. Und wie sollte ich dich finden können, bin ich deiner nicht gedenk?

ARBEIT UND MUSSE

In Martha das Bild des Gegenwärtigen, in Maria das Bild des Künftigen. Beide waren Freundinnen des Herrn, beide liebenswürdig, beide seine Jüngerinnen. Was Martha tat, das sind wir; was Maria tat, das erhoffen wir. Tun wir das eine gut, damit wir das andere erhalten in Fülle!

Alle ehrliche Arbeit ist gut. Gott gab die Vernunft, den Schöpfer zu erkennen und zu ehren, Gut und Böse, Recht und Unrecht zu unterscheiden; aber auch in irdischer Sphäre – wie viel bewirkt da nicht des Menschen Geist!

Heilige Muße verlangt die Liebe zur Wahrheit. Schaffen verlangt das Bedürfnis der Liebe.
Es darf niemand in dem Sinn beschaulich leben, daß er in seiner Muße nicht auf den Nutzen des Nächsten bedacht wäre; doch

soll der Mensch auch nicht in einer Weise tätig sein, daß er nicht nach der Schau des Göttlichen begehrte.

Des Menschen Muße soll nicht tatenlose Ruhe sein, sondern entweder «Suchen» oder «Finden» der Wahrheit, und zwar so, daß er den Gewinn aus seinem eigenen Wachstum und aus persönlicher Festigung auch dem Nächsten zukommen lasse.

Im äußeren Werk aber sei nicht Macht und Ehre vor der Welt das Ziel – denn alles ist eitel unter der Sonne –, sondern das Werk selbst, das allerdings mit Hilfe von Einfluß und Würde zustande kommt und – wenn es recht zustande kommt – zur Förderung des allgemeinen Besten dient.

Was haben nicht in zahllos mannigfachen Künsten sich die Menschen neuen Augenreiz geschaffen, mit Kleidern und mit Schuhen, mit Gefäßen und Hausrat aller Art, auch mit Gemälden und mit Bildwerk wechselnd reicher Form, mit Gegenständen, die weit über den Bedarf des Tages gehen und über jeden maßvoll ruhigen Gebrauch und Sinn. Draußen laufen sie den

Dingen nach, die sie geschaffen, und drinnen verlassen sie den, der sie selbst geschaffen hat, und so zerstören sie das Werk, zu dem der Schöpfer sie geschaffen.

Jede Stufe der Entwicklung von der Kindheit bis zum Greisenalter hat ihre eigene Schönheit.
Töricht wäre es, dem Menschen, der doch dem Gesetz der Zeit gehorcht, nur Kindheit zu wünschen und alle andere Schönheit zu mißachten, die den übrigen Lebensstufen eignet.
Nicht minder wäre ein Tor, wer dem menschlichen Geschlecht als Ganzes das Beharren auf einer bestimmten Stufe wünschte. Denn auch die Menschheit wie der einzelne durchlebt verschiedene Alter:
Das ganze Leben der Menschheit von Adam bis zum Ende ist gleich dem Leben eines Menschen.
Möchte eure Kindheit Unschuld sein, euer Knabenalter Ehrfurcht, euer Jünglingsalter Ausdauer, eure Männlichkeit Kraft, euer Alter Verdienst, eure Greisenzeit ergraute, weise Einsicht! Nicht zugleich kommen die-

se Stufen, aber einmal gekommen, bleiben sie einem frommen, edlen Menschen als ein Ganzes zusammen und bilden die Überleitung zur letzten Stufe, zur immerwährenden Ruhe, zum ewigen Frieden.

GESEGNET IST DIE
GANZE SCHÖPFUNG

Die vielgestaltige Güte Gottes kommt nicht nur zum Menschen, den er nach seinem Ebenbilde schuf, sondern neigt sich auch dem Tiere zu, das er dem Menschen unterworfen hat. Von ihm, von dem das Heil der Menschen kommt, kommt auch den Tieren Heil. Nicht nur Himmel und Erde, nicht Engel nur und Menschen, sondern auch die kleinsten Lebewesen mit ihrem inneren Bau, auch die feinste Feder des Vogels, auch die Blume, die Blätter der Bäume: Alles hat er nicht ohne feine Anordnung der Teile und eine Art Befriedigung gelassen. Um wieviel mehr sind die Reiche der Menschen, die Verhältnisse des Dienens und Herrschens eingeschlossen in die Gesetze seiner Vorsehung!

Schäme dich nicht, so vom Herrn, deinem Gott, zu denken; wage es vielmehr, so zu denken! Glaube, und hüte dich, anders zu denken! Der dich heil macht, der macht auch heil dein Pferd und dein Schaf, bis zum Kleinsten hinab. Oder würde es der unter seiner Würde halten, Heil zu schenken, dessen Würde es erlaubte, Schöpfer zu sein?

Ja, durch die Fülle deiner Güte ward deine Schöpfung ins Dasein gerufen. Denn ein Gut, das freilich dir nichts nützen, auch nicht dir gleich sein kann, sollte doch nicht fehlen, da du es schaffen konntest.
Denn was hatten Himmel und Erde um dich verdient, daß du sie im Uranfang schufst? Es trete auf und sage die geistige und körperliche Kreatur, was sie verdient hat um dich, daß du sie in deiner Weisheit schufst. Hängt doch an ihr auch alles kaum Begonnene, Formlose, das, sei es geistiger oder körperlicher Beschaffenheit, fern ist von allem Maß und aller Ähnlichkeit mit dir, das formlos Geistige doch besser als der geformte Körper, das formlos Körperliche besser als das völlige Nichts.
Auch formlos würde es immerfort hängen an deinem Wort, hättest du es nicht durch eben dies dein Wort zu deiner Einheit zurückgerufen und geformt und wäre es nicht

alles so durch dich, das allerhöchste Gut,
sehr gut geworden.
Was hatte es um dich verdient, daß es, sei's
auch nur formlos, wäre, das auch formlos
nimmer wäre, wenn nicht durch dich?

Was also hätte dir zu deinem Glück, das du
dir selber bist, gefehlt, auch wenn dies alles
entweder überhaupt nicht geworden oder
wenn es formlos geblieben wäre?
Hast du es doch nicht geschaffen, weil du
seiner bedurftest, sondern aus der Fülle deiner Güte hast du es begrenzt und zur Form
gestaltet, nicht als sollte dadurch deine
Freude vollkommen werden. Denn da du
vollkommen bist, mißfällt dir seine Unvollkommenheit, und das treibt dich, es vollkommen zu machen zu deinem Gefallen,
nicht aber willst du, als wärst du unvollkommen, durch seine Vervollkommnung selbst
vollkommen werden. Denn «dein» guter
Geist schwebte über den Wassern und ward
nicht von ihnen getragen, als ruhte er auf
ihnen. Denn die, von denen man sagt, dein
Geist ruhe auf ihnen, läßt er vielmehr ruhen
in sich.

Aber unvergänglich und unwandelbar und sich selbst voll genügend schwebte dein Wille über dem von dir geschaffenen Leben, dem leben nicht dasselbe ist wie selig leben, denn es lebt auch, dahinflutend in Finsternis. Aber es muß sich dem zukehren, der es geschaffen hat, um «am Quell des Lebens» immer mehr Leben zu gewinnen, «in seinem Lichte das Licht zu schauen» und vollendet, erleuchtet und beseligt zu werden.

Aber was ist nun dies, und was für ein Geheimnis tut sich in folgendem kund? Siehe, du segnest die Menschen, o Herr, daß sie «wachsen und sich mehren und die Erde erfüllen». Sollte es nicht deine Absicht sein, daß wir zu verstehen suchen, weswegen du nicht ebenso auch das Licht, das du Tag nanntest, und die Feste des Himmels und seine Lichter, die Sterne, die Erde und das Meer gesegnet hast?
Ich würde sagen, daß du, unser Gott, der du uns nach deinem Ebenbilde schufst, diese Gabe des Segens dem Menschen habest vorbehalten wollen, hättest du nicht ebenso

die Fische und Meerungeheuer gesegnet, daß sie wachsen, sich vermehren und die Gewässer des Meeres füllen, und die Vögel, daß sie sich mehren sollten auf Erden.
Ich würde ferner sagen, dieser Segen sei nur für die Arten von Geschöpfen bestimmt, die sich durch Fortpflanzung aus sich selbst vermehren, wenn ich fände, daß er auch den Bäumen, Pflanzen und Landtieren verliehen sei.
Nun aber ward weder zu den Kräutern noch dem Gehölz, weder zu den Vierfüßlern noch den Schlangen gesagt: Wachset und mehret euch, während sich doch alle diese Geschöpfe ebenso wie die Fische, Vögel und Menschen durch Zeugung vermehren und ihre Art erhalten.

DIE FRÜCHTE DER ERDE

Siehe du hast uns gegeben zur Speise «allerlei Kraut auf der ganzen Erde, das seinen Samen ausstreut, und allerlei fruchttragende Bäume, die ihren Samen bei sich führen».
Aber nicht uns allein, sondern auch allen Vögeln des Himmels und Tieren der Erde und allem Gewürm; doch den Fischen und großen Meerungeheuern hast du dies nicht gegeben. Mit diesen Früchten der Erde sind sinnbildlich die Werke der Barmherzigkeit dargestellt, die, aus fruchtbarem Erdreich gewachsen, den Nöten dieses Lebens abhelfen.

Doch von solcher Speise nähren sich nur die, die daran ihre Freude haben, und keine Freude haben daran die, deren «Gott der Bauch ist». Und bei den Spendern dieser Gaben ist die Frucht nicht die Gabe selbst, sondern die Gesinnung, in der sie gereicht wird.

Woran freust du dich, wovon nährst du dich, du Mensch, «der erneuert ist zur Erkenntnis Gottes nach dem Ebenbilde des, der dich geschaffen hat», du lebende Seele, so enthaltsam und keusch, du geflügelte Zunge, die Geheimnisse verkündet? Ja, solchen Wesen gebührt diese Speise. Was ist's, das dich nährt? Die Freude!

Die Gabe ist die Sache selbst, die der Spender des Notwendigen darreicht, also etwa Geld, Speise, Trank, Kleidung, Obdach, Beistand.
Die Frucht aber ist des Gebers guter und rechter Wille.
Denn der gute Meister sagt nicht bloß: «Wer einen Propheten aufnimmt», sondern fügt hinzu: «In eines Propheten Namen», sagt nicht bloß: «Wer einen Gerechten aufnimmt», sondern fügt hinzu: «In eines Gerechten Namen.» Denn nur der wird, sei es «eines Propheten», sei es «eines Gerechten Lohn empfangen».
Er sagt nicht bloß: «Wer einen der Geringsten der Meinen mit einem Becher kalten Wassers tränkt», sondern fügt hinzu: «In ei-

nes Jüngers Namen», und knüpft dann erst die Verheißung daran: «Wahrlich ich sage euch, es wird ihm nicht unbelohnt bleiben.» Die Gabe ist es, den Propheten aufzunehmen, den Gerechten aufzunehmen, einem Jünger einen Becher kalten Wassers darzureichen, die Frucht aber, dies zu tun im Namen eines Propheten, im Namen eines Gerechten, im Namen eines Jüngers.

Mit dieser Frucht ward einst Elias gespeist von jener Witwe, die wußte, daß sie einen Gottesmann speiste, und es deswegen tat. Der Rabe dagegen speiste ihn nur mit einer Gabe, und dadurch wurde nicht die Seele, sondern nur der Leib des Elias ernährt, der aus Mangel an solcher Speise hätte zugrunde gehen können.

Denn die Seele nährt sich von dem, woran sie sich freut.

DANK SEI DIR, O HERR!

Es loben dich deine Werke, daß wir dich lieben, und wir lieben dich, auf daß deine Werke dich loben.
Zeitlich ist ihr Anfang und Ende, ihr Aufgang und Untergang, ihr Fortschritt und Rückschritt, ihre Gestaltung und ihre Vernichtung.
So haben sie auch, teils verborgen, teils offenbar, ihren Morgen und Abend.
Denn aus nichts sind sie von dir, nicht aus dir geschaffen, nicht aus einem Stoffe, der nicht dein oder vor dir gewesen wäre, sondern der mitgeschaffen, das heißt, zugleich mit ihnen von dir geschaffen ward, als du ihn, den formlosen, ohne zeitlichen Aufschub formtest.

Dank sei dir, o Herr!
Wir sehen den Himmel und die Erde, mögen wir darunter nun den höheren und niederen Teil der körperlichen Welt oder die

geistige und körperliche Schöpfung verstehen, wir sehen sie in der schönen Ordnung der Teile, aus denen, je nachdem, entweder die Gesamtmasse der Erdenwelt oder aber die gesamte Schöpfung besteht, wir sehen das geschaffene und von der Finsternis geschiedene Licht.

Wir sehen die Feste des Himmels, mag dies nun der erste Weltkörper zwischen den höheren geistigen und den niederen körperlichen Wassern sein, oder auch dieser Luftraum, der gleichfalls Himmel genannt wird, wo die Vögel des Himmels umherfliegen zwischen den Wassern, die als Wolkendunst über ihnen hinziehen und auch wohl in heiteren Nächten sich als Tau niederschlagen, und denen, die auf Erden schwer dahinfluten.

Wir sehen die Wohlgestalt der gesammelten Wassermassen auf den Gefilden des Meeres und die trockene Erde, sei es noch wüst daliegend, sei es bereits geformt, sichtbar und geordnet, die Mutter der Pflanzen und Bäume.

Wir sehen die Lichter droben glänzen, die Sonne, die den Tag erfreut, und den Trost

der Nacht, Mond und Sterne, alle dazu bestimmt, Anzeige und Zeichen der Zeiten zu sein.
Wir sehen die feuchte Natur, die aus fruchtbarem Schoße Fische, Ungetüme und auch Vögel hervorbringt; denn die Dichtigkeit der Luft, die den Vogelflug trägt, entstammt der Ausdünstung der Wasser.
Wir sehen das Gefilde der Erde, geschmückt mit Landtieren, und den Menschen, geschaffen nach deinem Bild und Gleichnis, der durch eben dies dein Bild und Gleichnis, nämlich die Macht der Vernunft und des Verstandes, alle unvernünftigen Lebewesen herrschend überragt.
Und wie in seiner Seele zweierlei zu unterscheiden ist, eines, das beratend herrscht, ein anderes, das ihm untertan und zum Gehorsam verpflichtet ist, so sehen wir, daß für den Mann leiblich das Weib geschaffen ist, das zwar geistig kraft seiner Vernunft und Einsicht gleichen Wesens, aber durch sein Geschlecht dem Geschlecht des Mannes ebenso unterworfen sein soll, wie der Trieb zum Handeln dem vernünftigen Geiste unterworfen ist, um von ihm das Vermögen zu

empfangen, recht zu handeln. Das sehen wir, und alles ist einzeln gut, und zusammen ist's sehr gut.

Wie anders sollte es zu verstehen sein, was bei allen Werken der Schöpfung gesprochen ward: «Gott sah, daß es gut war», wenn nicht als Gutheißung des Werkes, das nach dem Urbild von Gottes Weisheit gemacht ward? Nicht dann erst erkannte Gott, daß sein Werk gut sei, als es erschaffen war, sondern umgekehrt vielmehr hätte er es nicht erschaffen, wenn er es nicht schon vorher gekannt hätte. Sieht er also, daß es gut ist (und hätte er dies nicht gesehen, bevor er es schuf, nimmer hätte er es dann erschaffen), so nicht, um innezuwerden, sondern um es uns zu lehren.

Gut ist die Erde mit der Höhe ihrer Berge, mit der Tiefe ihrer Täler, mit den Flächen ihrer Felder;
gut ist das Landgut in seiner Anmut und Fruchtbarkeit;
gut ist das wohlbestellte Haus mit seiner Geräumigkeit und Helle;

gut sind die Lebewesen mit ihrem beseelten Leibe;
gut ist die sanfte, heilsame Luft;
gut ist die bekömmliche, wohlschmeckende Speise;
gut die rüstige Gesundheit ohne Schmerz und Ermattung;
gut das Menschenantlitz, das wohlgeformte, heitere in seiner frischen, lebensprühenden Schönheit;
gut ist das Gemüt eines Freundes in der Herzlichkeit seiner Teilnahme, in der Verläßlichkeit seiner Liebe;
gut ist der Mann rechtschaffenen Sinnes;
gut ist Besitz, der mühelos gewährende;
gut ist das Lied im Wohlklang seines Rhythmus, im Ernst seines tiefen Sinnes – was alles noch?
Gut ist dies und gut ist das – aber dies und das nimm hinweg und sieh, soweit du kannst, auf das eine, wahre Gut: Dann siehst du Gott – gut nicht durch ein anderes Gut, sondern Gut alles Guten.

Von allem Guten, das ich aufgezählt, hießen wir zutreffend nicht das eine «besser» als

das andere, wäre uns nicht eingesenkt der Begriff des wahren Guten. So ist Gott zu lieben: nicht als ein Gutes neben anderem, sondern als das wahre Gut. Denn in der Seele liegt der Drang nach einem Gut, das sie mit keiner Schätzung überfliegen – nur in Liebe umfangen kann. Was ist dies anderes als Gott?
Wenn wir zu ihm streben, leben wir gut. Wenn wir ihn erreichen, leben wir mehr als gut: glückselig.

Alles ist gut, sofern es Sein hat; es stammt notwendig vom wahren Gott, von dem alles Gute ist. Nicht verbietet dir Gott, seine Geschöpfe zu lieben – wenn du nicht deine Seligkeit suchst in der Liebe zu ihnen, sondern sie so gut findest und rühmest, daß du den Schöpfer vor allem liebst.

Die Zusammenfassung alles einzelnen ergibt die großartige Schönheit des Alls, in dem auch das Böse wohleingeordnet ist; denn indem es den ihm gebührenden Platz einnimmt, hebt es das Gute erst recht hervor, das nun um so erhabener erscheint.

Es loben dich deine Werke, daß wir dich lieben, und wir lieben dich, auf daß deine Werke dich loben.

JESUS CHRISTUS, MITTLER ZWISCHEN GOTT UND MENSCH

So suchte ich nach dem Weg der Kraft, die mir so nötig war, dein zu genießen. Doch ich fand ihn nicht, bis ich zu dem griff, der da ist der «Mittler zwischen Gott und Menschen, der Mensch Jesus Christus, der ist über alles, Gott, hochgelobt in Ewigkeit».
Und der ruft uns zu und spricht: «Ich bin der Weg, die Wahrheit und das Leben.» Er hat die Speise, die ich zu schwach zu nehmen war, dem Fleisch gemischt, da das Wort Fleisch geworden, daß unserer Kindesschwäche Milch werde deine Weisheit, in der du alles schufst.
Doch ich begriff ihn nicht, demütig den Demütigen, meinen Herrn, Jesum Christum, und ich verstand nicht, was uns seine Schwachheit lehren sollte. Dein Wort ist ewige Wahrheit. Und hoch über allem, was da höchste Schöpfung ist, erhebt es zu sich, was sich vor ihm beugt. Inmitten der Niedrigen aber baut er aus dem Lehm unserer

Menschlichkeit sein armes Haus, daß es die niederbeuge, die sich beugen sollen, und hinüber zu sich ziehe, die Hoffart heilend und die Liebe nährend.
Sie sollten länger nicht im sündigen Selbstvertrauen leben, sie sollten schwach und willig werden, da sie zu ihren Füßen, «unseres armen Erdenkleids teilhaftig», die Gottheit schwach und willig sehen, sie sollten müd zu ihr sich niederwerfen, daß sie aufstehe und sie mit sich hebe.

Etwas Großes ist es und überaus selten, die gesamten körperlichen und unkörperlichen Kreaturen, die nach aufmerksamer Betrachtung wandelbar erfunden werden, mit dem Schwung des Geistes zu übersteigen und zur unwandelbaren Natur Gottes zu gelangen und daselbst von ihm zu lernen, daß niemand als er alle Natur, die nicht er selbst ist, erschaffen hat.
Denn also spricht Gott zu den Menschen, nicht durch irgendein körperliches Geschöpf, das zu den Ohren des Körpers flüstert und durch den Luftraum tönt, der zwischen dem Redenden und dem Hörenden

besteht, noch auch durch irgendein geistiges, nach der Ähnlichkeit des Körpers gestaltetes Bild, wie im Traum oder sonst auf eine Weise (denn auch so spräche er dann gleichsam durch Körper und wie durch einen körperlichen Zwischenraum, da derlei Gesichte viel Ähnliches mit den Körpern haben) – sondern er spricht durch die Wahrheit selbst, wofern jemand fähig ist, ihn mit dem Geiste zu hören, nicht mit dem Leib.
Denn auf eine solche Weise spricht er zu dem Edelsten, was in dem Menschen ist und nur von Gottes Vollkommenheit allein übertroffen wird.
Da aber dieser geistige Sinn selbst, dem seiner Natur gemäß Vernunft und Erkenntnisvermögen innewohnen, durch verfinsternde und alteingewurzelte Gebrechen geschwächt ist, mußte er erst durch den Glauben belehrt und gereinigt werden. Nur so vermag er jenem unwandelbaren Licht genießend anzuhangen, ja auch seinen Glanz nur zu ertragen, bis er dann, täglich mehr erneuert und geheilt, einer so hoch erhabenen Seligkeit fähig wird.
Und auf daß er im Glauben mit um so grö-

ßerer Zuversicht zur Wahrheit hinwandelte, zog die Wahrheit, Gott und Gottes Sohn, die Menschheit an, ohne die Gottheit abzulegen, und stiftete und begründete diesen nämlichen Glauben: auf daß der Mensch durch den Gottmenschen zu Gott wandelte; denn der Mensch Jesus Christus ist der Mittler zwischen Gott und den Menschen.

Dadurch nämlich ist er Mittler, wodurch er Mensch ist; und eben dadurch ist er auch der Weg. Denn ist zwischen dem, der da wandelt, und dem Ziel, zu dem er wandelt, ein Weg in der Mitte, dann ist auch die Hoffnung da, ans Ziel zu gelangen; fehlt es aber an diesem Weg oder ist nicht bekannt, wo dieser Weg ist, wozu nützt es dann, das Ziel zu wissen, das erreicht werden soll?

Der einzige gegen alles Abirren völlig sichernde Weg aber ist, daß er selbst Gott und zugleich auch Mensch sei: als Gott das Ziel, zu dem wir gehen, als Mensch der Weg, durch den wir gehen.

Es scheint mir, daß die Jünger um die menschliche Form Christi des Herrn beschäftigt befangen waren und als Menschen im Menschen in menschlicher Neigung gehalten waren. Er aber wollte, sie möchten eher eine göttliche Neigung haben, und sie so aus fleischlichen zu geistigen machen, was der Mensch nicht wird, wenn nicht durch die Gabe des Heiligen Geistes. Geistig aber könnt ihr nicht werden, wenn ihr nicht fleischlich zu sein ablaßt. Fleischlich aber zu sein werdet ihr ablassen, wenn die Form des Fleisches vor euren Augen aufgehoben wird, daß die Form Gottes euren Augen offenbar werde.

DAS GEBET IST EIN RUFEN
DES HERZENS

Wir alle, wenn wir beten, sind Bettler Gottes. Wir stehen vor der Tür des großen Hausvaters, um etwas zu empfangen. Dieses Etwas ist – Gott selbst.

Es liegt dem Menschen nahe, vom Herrn allerlei Weltliches zu verlangen statt ihn selbst – gleich als könnte, was er gibt, beglückender sein als der Geber selbst.
Frage einen Reichen: Du rufst Gott an – warum?
«Damit er mir Gewinn verschaffe.»
Also nicht Gott, sondern den Gewinn rufst du an. Was du liebst, das rufst du an. Rufst du Gott an, damit du zu Geld, Erbschaft, zeitlicher Würde gelangest, so rufst du solche Dinge an.

Das Gebet ist ein Rufen des Herzens, nicht etwa der Stimme oder der Lippen. Im Innern ertönt es – Gott hört es. Durch Glaube,

Hoffnung, Liebe beten wir in immerwährender Sehnsucht.

Zu gewissen Zeiten und Stunden aber beten wir auch in Worten, auf daß unsere Sehnsucht um so kraftvoller sei. Da sollen wir das Gemüt von anderen Sorgen und Geschäften, welche die Sehnsucht nach dem Himmlischen, wenn ich so sagen soll, abkühlten, zu dem einen Geschäft des Gebets zurücklenken. Die Worte des Gebets sollen uns aufwecken, damit wir uns das Ziel unseres Strebens vor Augen halten; sonst könnte gar erkalten, was schon lau zu werden angefangen, und könnte vollends erlöschen, was wir öfter hätten anfachen sollen.

Es ist somit keineswegs tadelnswert oder nutzlos, wenn man viel Zeit auf das Gebet verwendet, sofern nicht andere Pflichten und Arbeiten dabei zu kurz kommen – obwohl man auch bei der Arbeit «allzeit beten» soll: durch inniges Verlangen nach dem ewigen Leben.

Die Sehnsucht betet stets, auch wenn die Zunge schweigt. Hast du immer Verlangen, so betest du immer. Bleibt in dir die Liebe,

so betest du immer, hast immerdar Sehnsucht.
Wie viele rufen mit ihrer Stimme, sind aber stumm im Herzen – aber auch wie viele schweigen mit den Lippen, rufen hingegen in heiliger Andacht, und Gott höret sie. Viel Liebe, nicht viele Worte, wenn du betest!

Nach ewigen Gütern laßt uns mit ganzer Innigkeit verlangen! Ewiges laßt uns suchen mit ganzer Kraft! Um Ewiges laßt uns zuversichtlich bitten!
Ewige Güter können nur nützen, nicht schaden; zeitliche Güter nützen manchmal, manchmal schaden sie. Manchem schadet Armut, manchem Reichtum. Manchem frommt zurückgezogenes Leben und schaden hohe Ehren; anderen hingegen gereichen Ehre und Vermögen zum Guten. Wer guten Gebrauch davon macht, hat Nutzen davon; wer schlechten Gebrauch davon macht, hat vielmehr Schaden vom Besitz.

DER WEG NACH INNEN

Kehre in dein Inneres ein! spricht Gott zur Seele. Gehe nicht nach außen – kehre in dich selber ein! Im inneren Menschen, da wohnt die Wahrheit. Und findest du Veränderung in deinem eigenen Wesen – steige über dich selbst hinaus: dorthin, wo das Licht des Geistes sich entzündet, dorthin strecke dich! Hast du Glauben, so findest du mich dort. Es ist einer, der erhört: säume nicht zu flehen! Siehe, der erhört – in deinem Inneren wohnt er.
Richte deine Augen nicht auf einen Berg, erhebe dein Angesicht nicht zu den Sternen, nicht zu Sonne und Mond! Glaube nicht, daß du erhört werdest, wenn du über das Meer hin betest. Nein, solches Beten sollst du verabscheuen! Aber «nahe ist Gott allen, die zerknirschten Herzens sind».

Im Verborgenen der vernünftigen Seele drinnen, im inneren Menschen, da mußt du

Gott suchen und erflehen. Hier wollte er seine Wohnung nehmen. In deinem Herzen spricht er zu dir. Menschen rufen. Er aber unterweist in der Stille. Menschen sprechen in Worten, die tönen, er aber in Gedanken voll geheimen Schauers. Wie Pfeile sind seine Worte; nicht Schmerzen reißen sie auf, sondern Liebe entzünden sie.

In der Menge ist es schwer, Christus zu sehen; eine gewisse Einsamkeit in unserem Geist ist nötig; in einer Art verborgener Schau sieht man ihn. Der große Haufe hindert, Jesum zu sehen.

Eine innere Einsamkeit ist das Gewissen, eine tiefe Einsamkeit, darin keines Menschen Fuß noch Auge dringt. Darin laßt uns gläubig wohnen!

In der Einsamkeit entspringen Quellen des Geistes. Himmlische Wasser sprudeln im Herzen des Menschen, der mit Gottes Wort vertraut ist.

Du hast gelesen, hast gelauscht; rein und klar und frommen Sinnes hast du's aufgenommen in deinem Herzen. In der Verborgenheit des Geistes, im guten Gewissen, da ist heilige Ruhe.

Nun erhebt sich leise die Erinnerung in deiner Seele, Erinnerung an Gottes Wort, so wie die Quellen rieseln, so wie Bächlein kräftig fließen. Da magst du wohl mit deinen Brüdern ruhen, süßer Hoffnung voll: «Wahrlich, mir ist gut; hier ist meine Hoffnung, hier ist die Verheißung Gottes. Er lügt nicht, ich bin des gewiß.»

SELIGKEIT IST FREUDE
IN GOTT

Es sei ferne, Herr, sei ferne vom Herzen deines Knechts, der vor dir bekennt, ferne sei es von mir, daß ich darum schon mich selig wähnte, weil ich an irgendwelcher Freude freudig bin.
Denn eine Freude gibt es, die den Unfrommen nicht gegeben wird, aber denen, die um nichts sich dir ergeben und denen du selbst ihre Freude bist. Und dies ist das selige Leben, sich zu freuen an dir, auf dich hin, um deinetwillen: Dies ist es und nichts anderes.
Aber die ein anderes dafür halten, drängen auch nach einer anderen Freude, die nicht die wahre ist. Doch von irgendeinem Bild von Freude kann ihr Wille gar nicht lassen.

Wolle nicht hasten zu hören, was du nicht fassest, sondern wachse, zu fassen!
Immer mißfalle dir, was du bist, wenn du gelangen willst zu dem, was du noch nicht

bist. Denn wenn du dir gefielst, dort bliebst du zurück. Wenn du aber sprachst: Genug – war's auch dein Untergang. Immer füg hinzu, immer wandle, immer schreite voran!
Wolle nicht im Weg zurückbleiben, wolle nicht rückwärts zurückkehren, wolle nicht vom Weg abkommen. Zurück bleibt, der nicht voranschreitet; rückwärts zurückgeht, wer zu dem zurückrollt, wovon er schon Abschied genommen; abkommt, der abfällt. Besser geht der Lahme auf dem Weg als der Läufer auf dem Abweg.

Ohne die Verborgenheit eines gesammelten Lebens vermag ich die Beseligung des wahren Glücks nicht zu kosten noch zu lieben. Glaube mir, mein Freund, ich brauche einen weiten Abstand vom Tosen des flüchtig verrauschenden Lebens, um nicht einem kalten, trotzigen Wesen zu verfallen, aus einer Härte, die nicht Mut ist, aus leerem Stolz und flachem Sinn.
In der Verborgenheit aber, da kommt jene echte tiefe Freude über mich, die mit dem, was man sonst Freude nennt, ganz und gar nicht verglichen werden kann.

Sollte ein solches Leben nicht der Natur des Menschen entsprechen? Woher käme es sonst, dieses heitere Gefühl der Geborgenheit? Warum überkommt es den Menschen um so mehr, je mehr er in der Kammer seines Geistes Gott anbetet? Und warum dauert dann gewöhnlich auch die Seelenruhe an, die der Mensch dort gewonnen, wenn er aus diesem Heiligtum zu den Geschäften seines Alltags schreitet?

Ist es nicht das selige Leben, was sie alle wollen, und ist einer nur, der es nicht will? Woher kennen sie's, daß sie's so sehnlich wollen? Wo haben sie's gesehen, daß sie's lieben? Ja, wir besitzen es, ich weiß nicht wie. Eine Weise gibt es, da ist der Mensch, indem er's hat, schon selig; und andere gibt es, die sind selig in der Hoffnung.
Diese haben es weniger als jene anderen, die schon selig es selber besitzen, aber sie befinden sich doch besser als solche, die weder vom Haben noch vom Hoffen selig sind. Und auch diese haben es auf irgendeine Weise, sonst begehrten sie nicht so sehr, glückselig zu sein; daß sie's begehren, das ist gewiß.

Ich weiß nicht, wie sie's innegeworden und auf irgendeine Art im Sinne tragen. Und ich mühe mich ab, zu ergründen, ob diese Kenntnis aus der Erinnerung kommt. Denn ruht sie dort, so waren sie zu einer Zeit schon einmal selig – ob wir alle jeder für sich, ob alle nur in jenem einen Menschen, der die erste Sünde getan, in dem wir alle schon gestorben, von dem wir alle ins Elend geboren sind, danach frage ich hier nicht; ich frage nur, ob wir das selige Leben im Gedächtnis haben. Denn wir liebten es ja nicht, wenn es uns unbekannt wäre.

«Seligkeit» – du hörst das Wort und atmest tief; du hörst es und seufzest. Denn bei allen Übeln sonst – der Drang nach Glück ist den vernünftigen Geschöpfen nicht verlorengegangen. Alle Menschen beherrscht der Drang nach Glück; das ist die feste Überzeugung aller, die nachzudenken begonnen haben.

Glückseligkeit ist ein so hohes Gut, daß es sowohl der Gute wie der Böse will. Kein Wunder, daß die Guten gut sind um seinetwillen – zu verwundern ist nur, daß auch die Bösen nur böse sind, um glücklich zu sein.

Denn wer der sinnlichen Lust nach- (und zugrunde)geht durch seine Lust, sucht doch im Bösen seine Glückseligkeit. Wer von Habsucht erfaßt ist wie von Feuersbrand, wühlt mit rastloser Gier nach Besitz – um glücklich zu sein; wer vor Rachsucht nach dem Blut seines Feindes dürstet, wer nach Herrschaft trachtet, wer seine Grausamkeit weidet an fremdem Jammer – sucht Glückseligkeit in all diesen Dingen.

Selig aber ist der Mensch nur in dem «höchsten Gut».

DIE SÜNDE –
SCHMERZ DER SEELE

Ein Fehlgriff deines Triebes in der Wahl deines Gutes ist die Sünde. Denn in jeglicher Sünde, die du tust, langst du aus nach einem Gut und ersehnest eine Art Befriedigung. Werte sind es, die du suchest; Übel aber werden sie für dich, wenn du den hintan setzest, durch den allein sie gut sind. Wie der Wille dadurch gut ist, daß er Gott anhängt, dem gemeinsamen Gut aller Wesen, so wird er verkehrt und sündigt, wenn er sich vom höchsten und allgemeinen Gut abkehrt und sich dem selbstischen Gut zuwendet, sei es im Bereich des Geistes oder des Leibes.

Der böse Wille für sich allein ist Sünde, auch wenn es nicht zur Tat kommt, das heißt, wenn jemand nicht die Macht dazu hat.

Laster und Tugend unterscheiden sich nicht durch das Tun an sich, sondern durch die Absicht. Das Tun kann sündelos erscheinen und ist es doch nicht, wenn es nicht zu dem Zweck geschieht, zu dem es geschehen soll. Somit kann gut sein, was ein Mensch vollbringt, ohne daß er selbst gut handelt.

Und nicht alle Laster sind Gegensätze zur Tugend; es gibt auch solche, die sozusagen hart an die Tugend grenzen und ihr zwar nicht wirklich, aber zufolge eines Scheins ähnlich sind, wie zum Beispiel die List der Klugheit.

Verborgen ist ein gutes Herz, verborgen ist ein böses Herz. Ein Abgrund ist in diesem wie in jenem. Aber vor Gott, vor dem nichts verborgen ist, liegt es hüllenlos, und er wirkt in allen Abgründen, was er will.

Jene Schmerzen, die Schmerzen des Fleisches genannt werden, sind Schmerzen der Seele, die sie im Fleische und vom Fleische leidet.

Wie vermöchte es auch das Fleisch durch sich selbst und ohne Seele, zu leiden oder begehrlich zu werden? Denn was vom Fleische gesagt wird, daß es Lust oder Schmerz habe, gilt entweder vom ganzen Menschen oder von einem Teil der Seele, der in sich empfindet, was dem Fleische geschieht: das Widrige, das Schmerz bereitet, wie das Linde, das die Lust erregt.

Der Schmerz des Fleisches also ist nur eine Verletzung der Seele, die ihr durch das Fleisch widerfährt, und gleichsam ein Widerwille der Seele gegen das Leiden des Leibes, so wie jener Schmerz der Seele, welcher Traurigkeit genannt wird, ein Widerwille gegen das ist, was uns gegen unseren Willen widerfährt.

Doch geht der Traurigkeit meist Furcht voran, die in der Seele selbst, nicht im Fleische ist. Dem leiblichen Schmerz hingegen geht keine Furcht voran, die man vor dem Schmerz im Fleische fühlte.

Wohl aber geht der Lust des Fleisches eine Art Begierde voraus, die man im Fleische fühlt gleichsam als dessen Begehrlichkeit wie Hunger, Durst oder das, was man in geschlechtlichen Dingen Lust *(libido)* nennt, obgleich dies das Wort für Begierde ganz allgemein ist.

Selbst der Zorn ist, nach den Begriffen der Alten, nichts anderes als ein Gelüst, sich zu rächen; wiewohl der Mensch zuweilen auch leblosen Dingen zürnt, denen keine Empfänglichkeit für Rache innewohnt, wenn er zum Beispiel einen schlecht schreibenden Griffel oder eine Feder im Zorne zerbricht.
Gleichwohl ist selbst dies ein Gelüst, sich zu rächen, wenn auch ein unvernünftiges, und sozusagen ein Schatten der Vergeltung, daß wer Böses tut, auch Böses leide.
Es gibt also ein Gelüst, sich zu rächen, das Zorn, ein Gelüst, Geld zu haben, das Geiz, ein Gelüst, auf was immer für eine Weise zu überwinden, das Starrsinn, ein Gelüst, gerühmt zu werden, das Eitelkeit genannt wird. Und so gibt es viele und mannigfaltige Gelüste, von welchen einige eigene Namen haben, andere nicht.
Denn wer möchte so leicht einen Namen für das Machtgelüst angeben, das doch, wie die bürgerlichen Kriege bezeugen, so vieles über die Gemüter der Tyrannen vermag.

Alle Sünden sind in dieser einen Art enthalten, daß einer sich abwendet von dem Göttlichen und wahrhaft Bleibenden und zum Wandelbaren und Ungewissen sich hinwendet. Wenngleich diese in ihrer Ordnung am rechten Platz sind und ihre Weise von Schönheit besitzen und bewirken, so ist es doch die Art einer verkehrten und ungeordneten Seele, dem in Nachfolge sich unterwerfen, dem sie vielmehr, es nach ihrem Wink zu führen, nach Gottes Ordnung und Recht vorgesetzt ist.

Leichter ist es für solche, die Gott lieben, die schlimme Begierde auszurotten, als für solche, welche die Welt lieben, auch nur einigermaßen sie zu stillen. Die Welt hält nicht, was sie versprochen; sie ist lügnerisch und täuscht. Unaufhörlich hoffen manche Menschen auf diese Welt – wer gelangt zu allem, was er hofft? Aber mag er auch vieles erreichen – kaum berührt, verwelkt es ihm. Neue Wünsche steigen auf, neue liebe Dinge erspäht das Begehren – sind sie gekommen, verblassen sie alle. Dir, o Seele, genügt nur der, der dich geschaffen hat; was immer du sonst ergreifst, ist elend. Unglücklich ist jede Seele, die gefesselt ist vom Irdischen.

DAS WESEN DES GUTEN
UND DES BÖSEN

Doch wenn ich schon glaubte und bekannte, daß du, unser Herr, du wahrer Gott, der du nicht unsere Seelen nur erschaffen hast, unsern Leib auch, und nicht nur unsern Leib erschaffen hast und unsere Seele, sondern all und alles, daß du in unbefleckter Reinheit thronst und unveränderlich und allüberall unwandelbar, so war mir doch noch immer dunkel und gar wirr verknotet, was die Natur des Bösen sei.
Doch wie sie nun auch sei, das wußte ich, daß ich so sie suchen müsse, daß ich mich nicht dahin verirrte, dich, den unwandelbaren Gott, mir wandelbar zu denken, auf daß ich so nicht selber würde, was ich suchte: böse.
Und so forschte ich denn sicher und gewiß, daß das nicht wahr sei, was mir jene anderen sagten, die ich aus ganzer Seele floh; denn ich sah wohl, indes sie nach dem Grund des Bösen suchten, waren sie selber

so voll Bosheit, daß sie lieber glaubten, dein heiliges Wesen dulde Böses, als daß sie zugegeben hätten, selber Böses zu tun.

Gott hielt es für besser, aus Bösem Gutes zu schaffen, als überhaupt kein Böses zuzulassen.
Als Künstler bedient er sich auch des Teufels – und als großer Künstler. Wüßte er sich seiner nicht zu bedienen, so ließe er ihn nicht sein.
Keinen Engel und keinen Menschen würde Gott je schaffen, von dem er voraus weiß, daß er böse wird, wüßte er nicht gleichzeitig, wie er solche zum Besten des Guten verwenden will – so daß die wunderbare Harmonie des Alls gleich einem mächtigen Chorgesang aus ineinanderflutenden Tönen um so großartiger an das Ohr des Schöpfers dringt.
Eine Beredsamkeit, die nicht in Worten, sondern in den Dingen selbst ist, sollte durch die Kraft der Gegensätze beitragen zur Schönheit seines Weltgedichts.

Gott steht über allem. Er bedarf keines Gutes; er ist selbst das höchste Gut und alles Guten Urquell. Wir bedürfen seiner, um gut zu sein; er bedarf unser nicht, um gut zu sein.
Der Mensch, der sich von ihm entfernt, wird finster; wer sich ihm nähert, wird licht. Denn von dem er das Sein hat, von dem hat er auch das Gut-Sein.

DIE FREIHEIT DES WILLENS

Niemand besitzt die Freiheit, Gutes (das heißt Heilbringendes) zu tun ohne den Beistand Gottes. In seiner verborgenen Weise wirkt er im Herzen und bewirkt in uns, daß wir das Gute wollen und es auch mit gutem Willen tun.

Dasjenige Gute, wodurch allein der Mensch zum ewigen Geschenk und Reich Gottes geführt wird, wird niemandem zuteil ohne die Gnade Gottes, die durch den einen Mittler zwischen Gott und Mensch verliehen wird.

Alles übrige, was unter Menschen irgendwie lobwürdig erscheint – mag es dir auch als wahre Tugend, als gute Tat, als frei von Sünden erscheinen –, ist bei Gott unfruchtbar und insofern nicht gut. Gottesliebe ist notwendig dazu, daß die Tugend seligmachend sei.

Ja, ich lobe und preise dich, Herr des Himmels und der Erden, für meines Lebens Anfang und meine Kindheit, deren ich mich nicht erinnere, doch Dasein und Leben wurden mir damals bereits verliehen.

Preise Gottes Barmherzigkeit, preise seine Liebe, die Sünden vergibt – aber bringe ihm ein Opfer! Erbarme selber dich des Mitmenschen, und Gott wird sich deiner erbarmen. Du bist Mensch und der andere ist Mensch; beide seid ihr armselig – aber Gott ist barmherzig. Barmherzigkeit! Laßt uns Barmherzigkeit üben wegen des Überflusses der Sünden!

Das Schuldbekenntnis ist des Menschen Demut; Gottes Barmherzigkeit ist Gottes Hoheit. Solange wir auf Erden wandeln, ist Demut unsere Vollkommenheit selbst.

Der Anfang der guten Werke ist das Bekenntnis der bösen Werke. Wer seine Sünden bekennt und anklagt, der steht bereits auf seiten Gottes: Gott klagt deine Sünden an; wenn auch du sie anklagst, hältst du's mit Gott; du bist wahrhaft, du kommst zum Licht; du tust dir nicht schön, du schmeichelst dir nicht, du sagst dir keine Artigkeiten. Gott mißfällt dein ungutes Leben; gefällt es dir, so steht eine Scheidewand zwischen ihm und dir; mißfällt es aber auch dir, so bist du eins mit ihm.

Als überwunden muß die Sünde gelten, wenn sie von der Gottesliebe überwunden ist. Denen, die Gott lieben, wandelt er alles in Gutes – dermaßen alles, daß er ihnen auch ihre Irrungen und Fehler zum Guten ausschlagen läßt, denn sie nehmen zu an Demut und Erkenntnis.

Die Menschen sind geneigt, das Sittliche nach Gewohnheitsregeln zu beurteilen. Daher kommt es oft, daß jeder nur das für böse hält, was die Menschen seines Landes und seiner Zeit zu tadeln und zu verdammen pflegen, und auch umgekehrt nur das für recht und lobenswert ansieht, was die Gewohnheit der Umgebung zuläßt. Die Heilige Schrift aber schreibt nur eines vor: die Liebe (wie sie nichts anderes verurteilt als die böse Lust). Dadurch ist sie die Erzieherin der Menschen. Gut leben heißt also nichts anderes als «aus

ganzem Herzen, aus ganzer Seele und aus ganzem Gemüte lieben».
Übel tun wir durch Gewalt, wenn jene Seelenregung, in der Wille und Antrieb ruhen, böse wird und sündhaft sich aufwirft in zuchtloser Unruhe, und übel tun wir in Wollust, wenn jener Seelentrieb, woraus die Lüste des Fleisches wachsen, ohne Maß und Zucht sich frei ergießt; und so beschmutzen Irrtum und falsche Meinung unser Leben, wenn die vernünftige Seele selbst an Fehlern krankt.

Ein Zweifaches ist's, was uns in diesem Leben als ein Mühsames vorgeschrieben wird: sich enthalten und aushalten.
Wir werden nämlich geheißen, uns von dem zu enthalten, was man in dieser Welt nennt, und das auszuhalten, was in dieser Welt überfließt an Übeln. Jenes wird Enthaltsamkeit, dieses Aushaltsamkeit genannt: zwei Tugenden, welche die Seele reinigen und der Gottheit fähig machen.
Die Lüste zu zügeln und das Vergnügen zu zähmen, daß uns nicht verführe, was bös schmeichelt, und kraftlos mache, was gün-

stig heißt, hierfür ist Enthaltsamkeit vonnöten: nicht der irdischen Glückseligkeit trauen und bis zum Ende die Glückseligkeit suchen, die kein Ende hat.
Wie es aber Sache der Enthaltsamkeit ist, der Glückseligkeit der Welt nicht zu trauen, so ist es Sache der Aushaltsamkeit, der Unglückseligkeit der Welt nicht zu weichen.
Ob wir also im Zustrom der Dinge sind oder in Knappheit, den Herrn muß man erwarten, der sowohl das, was wahrhaft gut und wohltuend ist, gebe wie auch das, was wahrhaft böse ist, von uns abwende.

Ist etwa der Mensch gezwungen, den bösen Begierden, die er im Herzen hat, zuzustimmen und wirklich zu sündigen? Das sei ferne! Eines ist es, böse Begierden im Herzen zu haben, etwas anderes, ihnen «übergeben zu werden» – nämlich so, daß man durch Zustimmung in ihre Gewalt kommt.
Wozu sonst das Gebot: «Du sollst deinen Begierden nicht nachgeben!», wenn jemand schon dadurch schuldig wäre, daß er ihren Aufruhr, ihr Hindrängen zum Bösen spürt?
Ist jemand genötigt, so daß er nicht anders

kann, so sündigt er nicht dem Willen nach, da er mit Willen nicht beistimmt.
Die böse Lust ist nichts anderes als die Neigung der Seele, vergängliche, zeitliche Güter den ewigen vorzuziehen. Die Sünde aber ist die mit Willen vollzogene Abkehr vom wandellosen Gut und Hinwendung zu wandelbaren Gütern.

Du kannst nicht zwei Herren dienen.
Das Ewige kannst du nur lieben, wenn du das Zeitliche nicht als Ziel deiner Liebe wählst.
Hältst du es mit der Welt, so kannst du Gott nicht lieben; dein Herz ist in Besitz genommen – unter «Welt» sind zu verstehen die Sünder, die keine andere Hoffnung haben als in dieser Zeitlichkeit.
Die «Welt» ist schlecht, sofern die Menschen schlecht sind, denen die Welt mehr gilt als Gott.
Einer jeglichen Liebe wohnt eine Triebkraft inne. Willst du wissen, von welcher Art deine Liebe sei – gib acht, wohin sie dich führt.

Der Mensch kann wählen zwischen Gut und Böse. Hätte Gott uns kein freies Wahlvermögen verliehen, so gäbe es weder eine gerechte Strafe für das Böse noch ein Verdienst für die Tugend, noch ein göttliches Gebot der sittlichen Erneuerung, noch eine Vergebung der Sünden, die uns Gott durch Jesus Christus unseren Herrn geschenkt hat.

Denn wer nicht mit Willen sündigt, sündigt überhaupt nicht – wie umgekehrt niemand gut handelt wider seinen Willen, mag auch, was er tut, gut sein.

Gott waltet so über seinen Geschöpfen, daß er sie auch eigene Bewegungen auslösen und vollziehen läßt.

Wollte man aber als Freiheit nur gelten lassen, daß der Mensch das Gute und Böse wolle und vermöge, dann ist Gott nicht frei. Du mußt einsehen, daß es auch eine «selige Notwendigkeit» gibt. Von ihr wird man nicht bedrückt, sondern man erfreut sich ihrer.

Dem sittlichen Gebot aus Freude am Guten gehorchen, das ist die wahre Freiheit.

Nach ihrem Ursprung ist die Bosheit des Willens nicht aus seinem Natursein zu erklären, sondern daraus, daß Natur aus nichts erschaffen ist. Denn wäre die Natur Ursache des bösen Willens, so bliebe uns nur die Folgerung, daß aus Gutem Böses kommt und Gutes die Ursache des Bösen ist.

Aus der Natur also, die gut ist, entspränge der böse Wille? Aber wie könnte die gute, obzwar wandelbare Natur, ehe sie selbst bösen Willen hat, etwas Böses schaffen, eben den bösen Willen?

Viel Böses geschieht gegen seinen Willen; aber so groß ist Gottes Weisheit, so groß seine Kraft, daß alles zu den Zielen und Ausgängen führen muß, die er im voraus als heilig und gut erschaut hat.

Wie das «Häßliche» in der Natur so genannt wird im Vergleich zum Schönen – neben der Schönheit des geistigen Menschen ist die Schönheit des Affen «häßlich» –, so ist auch das Böse nichts anderes als Minderung, Fehlen von Gutem.

Nimmer kann ein Wesen, in sich selbst betrachtet, böse sein. Böse ist es nur durch Minderung des Guten, das ihm zukommt – und wenn durch fortschreitende Verminderung das Gute völlig schwände, so wäre mit dem Guten auch das Wesen selbst verschwunden.

Den Guten ist es eigen, daß sie die Welt gebrauchen, um sich Gottes zu erfreuen; hingegen möchten die Bösen Gott gebrauchen, um die Welt zu genießen – sofern sie überhaupt glauben, daß ein Gott sich um menschliche Dinge kümmert.

OHNE DIE LIEBE
IST «NICHTS»

O gib mich dir, mein Gott, gib mich dir ganz zurück! Siehe, ich liebe – und ist's nicht genug, so will ich mehr dich lieben. Ich vermag meine Liebe nicht zu bemessen, ob sie genügt und ihr nichts fehlt – nichts fehlt, damit aufgehe mein Leben in Vereinigung mit dir und nicht mehr sich abwende, bis daß ich ganz geborgen, verborgen bin in der Heimlichkeit deines Antlitzes.
Nur das eine weiß ich, daß ich unglücklich bin, wenn ich dich nicht habe – unglücklich nicht nur nach außen, sondern zutiefst in mir selber, und daß jeder Reichtum, den du nicht gibst, mir Armut bedeutet.

Noch hatte ich nichts zu lieben, aber auf Liebe ging mein Lieben, und tief innen ein Bedürftiger grollte ich mir, daß ich so wenig liebebedürftig war.
Ich suchte, verliebt ins Lieben, was ich lie-

ben könnte, und haßte die sichere Ruhe und
haßte einen Weg, der ohne Fallstrick war.
Denn ein Hungern war in meinem Innern,
angeregt von einer inneren Speise, von dir
selbst, mein Gott, aber dieser Hunger war
noch nicht mein Hunger; ich war ohne Verlangen nach unverderblicher Nahrung –
nicht als wäre ich schon voll von ihr gewesen, nein, je weniger ich davon genossen,
um so tiefer war mein Ekel.
Und also befand sich übel meine Seele, und
mit ihren Schwären warf sie sich hinaus auf
die Welt, jämmerlich in ihrer Gier, an den
Sinnendingen sich zu scheuern. Freilich,
hätten sie nicht Seele, man liebte sie doch
nicht.
Liebe schenken, Liebe finden war mir süß,
vollends süß, wenn ich auch der Geliebten
Leib genoß...
Da ging's denn auch hinein in die Liebe,
nach deren Fessel ich verlangte. Mein Gott,
mein Erbarmer, welche Galle hast du (und
wie gut hast du getan) in meine Lust gegos-
sen!
Denn Liebe fand ich, und heimlich schlich
ich mich zum Kerker des Genusses, und la-

chend ließ ich in die Bande der Qual mich schlagen, um dann gepeitscht zu werden mit den glühenden Eisenruten der Eifersucht, des Argwohns, der Angst, der Wut, des Streites.
Doch ein reines Herz liebt nur Gott, denn in ihm hat es alles, und ohne die Liebe ist «nichts».

HÖR AUF DEIN HERZ!

Der ist aufs wahrste und sicherste ein unbesiegbarer Mensch, der Gott anhängt, nicht um sich bei ihm etwas Gutes wie von außen zu verdienen, sondern weil Gott anzuhangen ihm das ausschließliche und einzige Gut ist. Der Tugendhafte liebt Gott ohne Gedanken an Lohn: Er hat ja schon alles in ihm.

Alles Übermenschliche und Furchtbare macht leicht die Liebe – sie macht es fast zu nichts. «Es ist schwer» – das ist ein Wort, dessen sich die Liebe schämt. Liebe hat keine Mühe – oder sie liebt die Mühe.
Etwas Großes ist der Glaube – aber er nützt nichts, wenn er nicht die Liebe einschließt; oder vielmehr: «Wenn ich alle Geheimnisse wüßte und Gabe der Weisheit und allen Glauben hätte, so daß ich Berge versetzte, und hätte der Liebe nicht» – so wäre ich nichts.

Sage also nicht: Ich habe den Glauben, das genügt mir. «Auch die Teufel glauben und zittern.» Die Teufel glauben, lieben aber nicht; niemand aber liebt, der nicht glaubt.

Hienieden ist kein voller Friede. Hier ist unser Kleid mehr eine Waffenrüstung als Gewand des Friedens. Der Friede, der uns beschieden ist, quillt aus dem Glauben, der uns mit Gott verbindet – in der Ewigkeit wird Schauen uns verbinden.
Hier ist es mehr ein Trost im Leid als seliger Genuß.
Hier ist die Liebe immer wieder zu erneuern aus dem Heiligen Geist, von Tag zu Tag – von Menschen, die da wollen, glauben, beten, die Vergangenes vergessen und sich strecken nach dem Kommenden.
Hier ist zum Teil Freiheit, zum Teil Knechtschaft, noch nicht ganze, noch nicht reine, noch nicht volle Freiheit, weil noch nicht Ewigkeit.
Hier besteht Heiligkeit mehr in Vergebung der Sünden als in Vollkommenheit der Tugend.
Sie besteht darin, daß Gott die Herrschaft

hat über den gehorsamen Menschen und in diesem der Geist über den Leib, die Vernunft über die Begierde; sie besteht darin, daß man von Gottes Gnade Vergebung erfleht für die Sünden und Dank sagt für empfangenes Gute – dort erst wird Gehorsam so süß sein und so leicht, wie Leben und Herrschen selig sind; und im Frieden dieser Seligkeit – in der Seligkeit dieses Friedens – wird das höchste Gut bestehen.

DIE LIEBE ZU GOTT
DEM VATER

Ohne allen Zweifel, in voller, klarer Gewißheit sage ich, Herr: Ich liebe dich. Du hast mein Herz mit deinem Wort getroffen, da hab ich dich lieb gewonnen.
Auch Himmel und Erde und alles, was darinnen ist, siehe, es ruft mir zu von allen Seiten, daß ich dich lieben soll, ruft's unablässig allen zu, so «daß sie keine Entschuldigung haben». Doch tiefer noch mußt du erbarmend dich neigen zu dem, «dessen du dich erbarmen willst, und Barmherzigkeit erweisen, dem du sie erweisen willst», sonst würden Himmel und Erde dein Lob vor tauben Ohren verkünden.

Anfangende Liebe ist anfangende Heiligkeit, wachsende Liebe ist wachsende Heiligkeit, große Liebe ist große Heiligkeit, vollendete Liebe ist vollendete Heiligkeit – Liebe aus reinem Herzen, aus gutem Gewissen, aus ungeheucheltem Glauben.

Merke wohl auf dein Herz, ob es aus tiefstem Grunde sagen kann: «Vater!» Kannst du dem Tage des Gerichts entgegensehen, dann ist in dir das Feuer der rechten Liebe. Erfreust du dich Gottes – was fürchtest du? Niemand kann dir deinen Gott nehmen, wenn du nicht selbst ihn verläßt.

Brachte Furcht es zuwege, daß du nicht sündigtest, die Liebe bringt es zuwege, daß du selbst dann nicht sündigen wolltest, wenn du es ungestraft könntest. Erst mußte Furcht obsiegen, damit die Liebe herrsche. Die Furcht ist Erzieherin; sie soll zurücktreten, um zur Liebe zu führen, zur Herrin.

Wie? Unter Menschen selber darf kein Band der Liebe sein? Im Gegenteil, so sehr soll es sein, daß man zu glauben habe, kein sicherer Schritt zur Liebe Gottes kann geschehen als reine Liebe des Menschen zum Menschen.

Zwei Weisen Liebe – von denen die eine heilig ist, die andere unrein; die eine zur Gemeinschaft hin, die andere zu sich hin;

die eine für den Gemeinnutzen sorgend um der überirdischen Gemeinschaft willen, die andere auch Gemein-Dinge in die eigene Verfügung rückbiegend um der anmaßenden Herrschaft willen; die eine untertan, die andere nebenbuhlerisch zu Gott; die eine ruhig, die andere aufgeregt; die eine Frieden schaffend, die andere aufständisch; die eine die Wahrheit dem Lob der Irrenden vorziehend, die andere auf jede Weise lobgierig; die eine freundnachbarlich, die andere neidisch; die eine das dem Nächsten wollend was sich, die andere erpicht, den Nächsten sich zu unterwerfen; die eine um des Nutzens des Nächsten willen den Nächsten lenkend, die andere um eigenen Nutzen – diese (zwei Weisen Liebe)... bilden den Unterschied zwischen zwei Weisen Staat im Menschengeschlecht, in deren... sozusagen zeitlicher Vermischung untereinander die Weltzeit verbracht wird.

Wo Leiber dir gefallen, da preise Gott für sie und kehre deine Liebe ihrem Schöpfer zu, damit nicht dein Gefallen ihm mißfalle.

Wo Seelen dir gefallen, liebe sie in Gott, denn auch sie sind unbeständig und finden ihren festen Stand nur in ihm; sonst gingen sie weg und gingen unter.
In ihm also liebe sie und reiße ihrer so viele, wie du kannst, mit dir fort zu ihm und sprich zu ihnen: Ihn lasset uns lieben, er hat dies alles geschaffen und ist nicht fern davon. Nicht schuf er es und ging von dannen; was aus ihm ist, ist noch in ihm. Sieh, er ist, wo man Wahrheit kostet: Tiefinnerst im Herzen ist er, aber das Herz ist ihm entirrt.
«Kehret um, Abtrünnige, zu eurem Herzen» und hanget ihm an, der euch erschaffen hat! Stehet zu ihm, und ihr werdet stehen, ruhet in ihm, und ihr werdet Ruhe finden. Wohin in die Wildnis geht ihr nur? Wo geht ihr hin?
Das Gute, das ihr liebt, es ist von ihm; aber gut und köstlich ist's uns nur in ihm, und alles, was von ihm, wird bitter, wie es rechtens ist, wenn man's unrecht liebt, abtrünnig von ihm.
Was lauft ihr immer und immer nur eure Wege voll Mühsal und Beschwer? Da ist die Ruhe nicht, wo ihr sie sucht. Das selige Le-

ben sucht ihr in der Gegend des Todes; da ist es nicht. Wie sollte seliges Leben sein, wo gar kein Leben ist?

Im Lande der Lebendigen müssen wir Wurzeln haben. Unsere Wurzel ist dort. Im Verborgenen ist die Wurzel; die Früchte kann man sehen, die Wurzeln kann man nicht sehen. Unsere Wurzel ist unsere Liebe, unsere Früchte sind unsere Werke: nötig ist, daß deine Werke aus der Liebe hervorgehen, dann ist deine Wurzel im Lande der Lebendigen.

Der Preis des Weizens ist deine Münze; der Preis des Bodens ist dein Silber; der Preis der Perle ist dein Gold; der Preis der Liebe – du. Du suchst, womit du besitzen könntest Grund und Boden, Edelgestein, Lasttier; womit du Boden kaufen könntest, suchst du, und suchst es bei dir. Wenn du aber die Liebe haben willst, suche dich und finde dich! Was nämlich fürchtest du, dich zu geben, dich etwa aufzuzehren? Im Gegenteil, wenn du dich nicht gibst, verlierst du dich.

UNFASSBARE EWIGKEIT!

Sind nicht ihres alten Irrtums voll, die zu uns sagen: Was tat Gott, bevor er Himmel und Erde schuf?
Denn, so sprechen sie, wenn er müßig war und nichts wirkte, warum blieb er dann nicht immer untätig, in der Folgezeit ebenso, wie er in der zurückliegenden allen Wirkens sich enthalten hatte?
Denn, wenn in Gott eine neue Regung entstanden sein sollte und neuer Wille, ein Geschöpf ins Dasein zu rufen, was er zuvor noch nie getan, wie könnte dann, wenn ein bisher nicht vorhandener Wille aufbräche, noch von wahrer Ewigkeit die Rede sein?
Ist doch Gottes Wille kein Geschöpf, sondern eher als das Geschöpf, da nichts geschaffen werden könnte, ginge nicht des Schöpfers Wille vorauf.
So gehört denn Gottes Wille zu seinem Wesen, und wenn in Gottes Wesen etwas entstanden sein sollte, was früher nicht da

war, würde sein Wesen zu Unrecht ewig heißen.
Wenn es aber Gottes ewiger Wille war, daß Schöpfung sein sollte, warum ist dann nicht auch die Schöpfung ewig?

Die so reden, erkennen dich noch nicht, o Weisheit Gottes, Licht des Geistes, begreifen noch nicht, wie ins Dasein tritt, was durch dich und in dir zum Dasein kommt. Sie suchen Ewiges zu erfassen, aber ihr Herz ist noch eitel und irrt umher zwischen dem, was einst geschah und künftig geschehen wird.
Wer wird es festhalten, daß es ein wenig stehen bleibe und ein weniges erfasse vom Glanz der allzeit feststehenden Ewigkeit, sie vergleiche mit den nie stillstehenden Zeiten und sehe, daß sie ganz unvergleichlich ist? Wann wird es sehen, daß eine lange Zeit nur lang wird durch viele vorübergehende Vorgänge, die nicht zugleich sich abspielen können, daß aber im Ewigen nichts vergeht, sondern daß es ganz gegenwärtig ist, während keine Zeit ganz gegenwärtig sein kann?

Wann wird es sehen, daß alles Vergangene vom Zukünftigen verdrängt wird und alles Zukünftige aus dem Vergangenen folgt und alles Vergangene und Zukünftige von dem, was immer gegenwärtig ist, geschaffen wird und seinen Ausgang nimmt?
Wer wird es festhalten, das Menschenherz, daß es stehe und sehe, wie die feststehende, weder zukünftige noch vergangene Ewigkeit den zukünftigen und vergangenen Zeiten gebietet?
Ist's etwa meine Hand, die das vermag, oder vermag meines Mundes Gerede Handreichung zu tun zu diesem großen Werk?

Sieh, so antworte ich dem, der fragt: Was tat Gott, bevor er Himmel und Erde schuf?
Ich gebe nicht die Antwort, die einst jemand gegeben haben soll, der mit einem Scherz der drängenden Frage auswich: Er machte Höllen für die, die solche Geheimnisse ergründen wollen. Doch Witze helfen nicht zum Wissen.
Nein, diese Antwort gebe ich nicht, denn lieber würde ich antworten: Was ich nicht weiß, weiß ich nicht, als daß ich den ver-

spottete, der Geheimnisse ergründen will, und für verkehrte Antwort mich loben ließe. Aber ich sage: Du, unser Gott, bist Schöpfer aller Kreatur, und wenn die Worte Himmel und Erde ein Inbegriff aller Kreatur sind, sage ich getrost:
Ehe Gott Himmel und Erde machte, machte er nichts.
Denn hätte er etwas gemacht, was wär' es anders gewesen als Kreatur? Möcht ich doch alles, was zu wissen mir nützlich ist, so sicher wissen, wie ich weiß, daß kein Geschöpf entstand, bevor es Schöpfung gab!

Du gehst auch nicht zeitlich den Zeiten vorauf, sonst würdest du nicht allen Zeiten voraufgehen. Sondern du gehst allem Vergangenen vorauf in der Erhabenheit der immer gegenwärtigen Ewigkeit und überragst auch alles Zukünftige, denn zukünftig ist es, und wenn es gekommen ist, wird's schon vergangen sein. «Du aber bleibst, wie du bist, und deine Jahre nehmen kein Ende.»
Deine Jahre gehen nicht und kommen nicht, unsere aber gehen und kommen, bis sie alle gekommen sind. Deine Jahre stehen

alle zugleich, denn sie stehen fest, werden nicht fortgehend von herkommenden verdrängt, denn sie gehen nicht vorüber. Unsere aber werden dann alle sein, wenn alle nicht mehr sind. Deine Jahre sind ein Tag, und dein Tag heißt nicht täglich, sondern heute.

Denn dein heutiger Tag weicht nicht dem morgigen, folgt auch nicht dem gestrigen. Dein heutiger Tag ist die Ewigkeit, so ist auch er gleich ewig wie du, den du erzeugtest und zu dem du sprachst: «Heute habe ich dich erzeugt.» Alle Zeiten hast du erschaffen, und vor allen Zeiten bist du, und nie gab es eine Zeit, wo keine Zeit war.

RÄTSELHAFTE ZEIT!

So gab es denn keine Zeit, wo du noch nichts geschaffen hattest, da du die Zeit selbst geschaffen hast. Und keine Zeiten sind gleich ewig wie du, denn du bleibst. Aber wenn sie blieben, wären's nicht Zeiten.
Denn was ist Zeit? Wer könnte das leicht und kurz erklären? Wer es denkend erfassen, um es dann in Worten auszudrücken? Und doch – können wir ein Wort nennen, das uns vertrauter und bekannter wäre als die Zeit? Wir wissen genau, was wir meinen, wenn wir davon sprechen, verstehen's auch, wenn wir einen andern davon reden hören.
Was also ist die Zeit? Wenn niemand mich danach fragt, weiß ich's, will ich's aber einem Fragenden erklären, weiß ich's nicht. Doch sage ich getrost: Das weiß ich, wenn nichts verginge, gäbe es keine vergangene Zeit, und wenn nichts käme, keine zukünftige, und wenn nichts wäre, keine gegenwärtige Zeit. Aber wie steht es nun mit jenen beiden Zei-

ten, der vergangenen und zukünftigen? Wie kann man sagen, daß sie sind, da doch die vergangene schon nicht mehr und die zukünftige noch nicht ist? Die gegenwärtige aber, wenn sie immer gegenwärtig wäre und nicht in Vergangenheit überginge, wäre nicht mehr Zeit, sondern Ewigkeit.
Wenn also die gegenwärtige Zeit nur dadurch Zeit wird, daß sie in Vergangenheit übergeht, wie können wir dann sagen, sie sei, da doch der Grund ihres Seins der ist, daß sie nicht sein wird?
Muß man also nicht in Wahrheit sagen, daß Zeit nur darum sei, weil sie zum Nichtsein strebt?

Und ich bekenne dir, Herr, daß ich noch immer nicht weiß, was Zeit ist. Aber ich weiß, und auch das bekenne ich dir, daß dies in der Zeit sage und schon lange über die Zeit rede, und daß auch dies «lange» nur durch Zeitdauer lang ist.
Wie aber kann ich das wissen, wenn ich doch nicht weiß, was Zeit ist? oder weiß ich vielleicht bloß nicht, wie ich das, was ich weiß, aussprechen soll?

Weh mir Armen, daß ich nicht einmal weiß, was ich nicht weiß! Sieh, mein Gott, vor dir darf ich's sagen: Ich lüge nicht. So wie ich rede, ist auch mein Herz. Du, Herr, mein Gott, wirst «meine Leuchte erleuchten, meine Finsternis licht machen».

Halt ein, meine Seele, und gib wohl acht! Gott ist unser Helfer. «Er hat uns gemacht und nicht wir selbst.» Gib acht, wo die Wahrheit aufdämmert.
Denk dir, eine Stimme beginnt zu ertönen. Sie tönt und tönt weiter, und dann hört sie auf. Nun herrscht Schweigen, und jene Stimme ist vergangen, ist keine Stimme mehr.
Sie war zukünftig, ehe sie ertönte, und konnte nicht gemessen werden, weil sie noch nicht da war, und jetzt auch nicht, weil sie nun nicht mehr ist. Damals also konnte man sie messen, als sie ertönte, denn da war etwas, das gemessen werden konnte.
Aber auch damals stand sie nicht still, sondern ging dahin und ging vorüber. Konnte man sie vielleicht gerade darum messen? Denn vorübergehend dehnte sie sich zu ei-

ner gewissen Zeitdauer aus, in der sie allenfalls gemessen werden konnte, während sie als gegenwärtige keine Dauer hat. Nehmen wir also an, daß sie so gemessen werden konnte.

Nun, so stell dir vor, daß eine andere Stimme zu ertönen beginnt und in gleicher Tonstärke immerfort ertönt. Messen wir sie, während sie tönt. Denn wenn sie zu tönen aufgehört hat, ist sie vergangen und nicht mehr da, was gemessen werden könnte. Messen wir sie also und sagen, wie lange sie währt.

Aber sie tönt noch und kann doch nur gemessen werden von dem ersten Augenblick an, wo sie zu tönen anfing, bis zum letzten, wo sie aufhörte. Denn wir messen den Zwischenraum von einem Anbeginn bis zu einem Ende: Daher kann man einen Ton, der noch nicht verhallt ist, auch nicht messen und sagen, wie lang oder kurz er währe, oder sagen, er sei einem andern gleich oder währe doppelt so lang als er, oder wie es sonst sein mag.

Wenn er aber verklungen ist, ist er schon nicht mehr. Wie könnte man ihn dann noch messen? Und doch messen wir die Zeiten, nicht die, die noch nicht sind, auch nicht, die nicht mehr sind, auch nicht, die keine Ausdehnung haben, und auch die nicht, die kein Ende haben. Weder die zukünftigen noch die vergangenen, noch die gegenwärtigen, noch die vorübergehenden Zeiten können wir messen, und doch messen wir die Zeiten.

«Aber dein Erbarmen ist besser denn Leben.» Denn sieh, mein Leben ist Zerstreuung. Doch deine Rechte hat mich angenommen in meinem Herrn, dem Menschensohn und Mittler zwischen dir, dem Einen, und uns vielen, die mit viel zu vielem beschäftigt dahinleben, auf «daß ich durch ihn den ergreife, durch den auch ich ergriffen bin», mich löse von meinen vergangenen Tagen und nur dem Einen folge, daß «ich vergesse, was dahinten ist», und gesammelt, nicht zerstreut, «mich ausstrecke», nicht nach dem, was kommen wird und wieder vergehen, sondern nach «dem, was wahrhaft vorne ist», daß ich nicht mit geteiltem, sondern mit ganzem Herzen «strebe nach der Palme der himmlischen Berufung», wo ich «hören werde die Stimme deines Lobes» und deine Wonne schaue, die nicht kommt und vergeht. Nun aber sind «meine Jahre voller Seufzer», doch du, Herr, bist mein Trost, du, mein ewiger Vater.

Ich aber bin zerflossen in den Zeiten, deren Ordnung mir unbekannt ist. Meine Gedanken, das innerste Leben meiner Seele, werden vom wirren Wechsel zerrissen, bis ich dereinst, gereinigt und geläutert durch das Feuer deiner Liebe, einmünde in dir.

Dann werde ich gefestigt stehen in dir, meinem Urbild, deiner Wahrheit, und brauche nicht mehr anzuhören die Fragen der Menschen, deren krankhafter, sträflicher Durst sich nicht stillen läßt und die sprechen: Was tat Gott, ehe er Himmel und Erde schuf? oder: Wie kam's ihm in den Sinn zu schaffen, da er doch vorher niemals etwas geschaffen hatte? Verleih ihnen, Herr, wohl zu bedenken, was sie sagen, und einzusehen, daß man nicht «niemals» sagen kann, wo es keine Zeit gibt. Denn wer sagt, Gott habe niemals etwas geschaffen, sagt doch nichts anderes als dies, er habe es zu keiner Zeit getan.

Möchten sie doch begreifen, daß es ohne Schöpfung auch keine Zeit geben kann, und ein Ende machen des törichten Redens. Möchten auch sie sich ausstrecken nach dem, was vorn ist, und einsehen, daß du vor allen Zeiten der ewige Schöpfer aller Zeiten bist und daß keine Zeiten gleich ewig sind wie du, auch sonst keine Kreatur, selbst wenn es eine geben sollte, die zeitüberlegen ist.

Herr, mein Gott, wie tief ist der Abgrund deines Geheimnisses, und wie weit haben mich die Folgen meiner Sünden davon abgetrieben! Heile meine Augen, daß auch ich mich freue deines Lichts. Gäbe es einen Menschengeist, mit solch großem Wissen und Vorauswissen begabt, daß ihm alles Vergangene und Zukünftige so bekannt wäre wie mir ein einziges ganz bekanntes Lied, es wäre wahrlich ein wunderbarer Geist, den man schaudernd anstaunen müßte. Denn was je geschehen ist und im Laufe der Jahrhunderte noch geschehen wird, wäre ihm ebensowenig verborgen, wie mir, der ich das Lied singe, verborgen ist, wieviel von ihm, seit ich anfing, schon vorüber und wieviel bis zu seinem Ende noch übrig ist. Doch fern sei es von mir, zu glauben, daß du, der Schöpfer des Alls, Schöpfer der Seelen und Leiber, auf diese Weise alles Zukünftige und Vergangene kennest. O weit wunderbarer, weit geheimnisvoller kennst du es!

Wer das versteht, der preise dich, und wer's nicht versteht, auch er soll dich preisen!

GIB UNS FRIEDEN!

Gottesstaat nennen wir jenen, von dem die Schrift Zeugnis gibt, jene Schrift, die nicht aus zufälligen Regungen des menschlichen Willens, sondern durch die Anordnung der höchsten Vorsehung Gottes, über die Schriften aller Völker erhaben und im Glanze göttlichen Ansehens strahlend, die Geister aller Art unterwarf. Dort aber steht geschrieben: «Glorreiche Dinge sind von dir gesagt, o Stadt Gottes! Gott ist mitten in ihr; sie wird nicht erschüttert werden.»
Durch diese und ähnliche Zeugnisse erhielten wir Kunde von einem Gottesstaat, dessen Bürger wir in jener Liebe zu werden verlangen, die uns sein Gründer eingeflößt hat.

Wie diese sichtbare Erde den äußeren Menschen nährt und hält, so jene unsichtbare Erde den inneren Menschen.
Der irdische Staat, der nicht von Ewigkeit

sein wird – denn wenn ihn die letzte Stufe der Verdammnis trifft, wird er kein Staat mehr sein –, der hat hienieden sein Gut, dessen er sich teilnehmend freut, wie man eben Freude an solchen Dingen haben kann. Und da er kein solches Gut ist, das, die es lieben, nicht beengte, darum ist dieser Staat zumeist wider sich selbst geteilt durch Streit, Krieg und Kampf und durch die Sucht nach Siegen, die verderbenbringend und selber nur vergänglich sind.

Denn immer wo er sich, Teil wider Teil, zum Krieg erhebt, sucht er Besieger von Völkern zu sein und ist doch der Gefangene eigener Sünden. Und wenn er siegreich sich im Stolz überhebt, so bringt der Sieg ihm selber Tod. Und wenn er der Wechselfälle denkend, die da kommen können, des drohenden Unglücks wegen mehr sich ängstet, als er sich des gewonnenen Glücks wegen aufbläht, so ist ein solcher Sieg doch in sich selbst vergänglich.

Denn nicht immer und auf Dauer wird er herrschen können über die, welche er in einem einzigen Siege unterwerfen konnte. Und doch hat unrecht, wer das keine Güter nennen will, nach denen dieser Staat verlangt, wenn nur er selber in seinem menschlichen Teil nicht allzuschlecht ist.

Denn er verlangt nach einer Art irdischen Friedens selbst in den niedrigsten Dingen. Zu diesem Frieden nur wünscht er durch seine Kriege zu gelangen; denn wenn er siegt und keiner mehr ist, der ihm widerstehe, so wird ja Frieden sein, den die nicht haben, die wider einander kämpfen und von der Not getrieben um Dinge streiten, die sie nicht zugleich besitzen können.

Diesen Frieden suchen die mühevollen Kriege, und diesen Frieden erwirbt der Sieg, der für so glorreich gilt. Und wenn sie siegen, die in der gerechten Sache kämpfen, wer sollte einen solchen Sieg nicht froh begrüßen, der den erwünschten Frieden bringt? Denn das sind Güter und sind ohne Zweifel Gaben Gottes.

Wenn aber das Bessere mißachtet wird, das zum Gottesstaat droben gehört, wo in Ewigkeit Sieg und hoher sicherer Friede sein wird, und wenn diese irdischen Güter erstrebt werden, als gäbe es sie allein und als wären sie wünschenswerter als die für besser geachteten, dann folgt gewiß das Elend, und wo es schon vorhanden, wird es ärger.

Herr, Gott, gib uns Frieden – alles hast du uns ja geschenkt –, den Frieden der Ruhe, den Frieden des Sabbats, den Frieden ohne Abend! Denn jener herrliche Reigen lauter sehr guter Dinge, wenn sein abgemessener Lauf vollendet ist, wird er vergehen. Denn er hat seinen Morgen gehabt und seinen Abend.

Der siebte Tag aber ist ohne Abend und hat keinen Sonnenuntergang, denn du hast ihn geheiligt zu ewiger Dauer. Und wenn du nach all deinen sehr guten Werken am siebten Tage ruhtest, obschon du sie in Ruhe vollbracht, so soll dies Wort deines Buches uns verkünden, daß auch wir nach unsern Werken, die nur darum sehr gut heißen können, weil du sie uns schenktest, am Sabbat des ewigen Lebens ruhen werden in dir.

Denn dann wirst du auch in uns ruhen, so wie du jetzt in uns wirkst, und so wird jene unsere Ruhe die deine sein, wie auch diese unsere Werke die deinen sind.

Du aber, Herr, wirkest immer und ruhest immer, schauest nicht in der Zeit, bewegst dich nicht in der Zeit und ruhest nicht in der Zeit und wirkest dennoch zeitliches Schauen und die Zeit selbst und die Ruhe am Ende der Zeit.

Wir also sehen, was du geschaffen, weil es ist, aber nur darum ist es, weil du es siehst. Wir sehen mit den Augen, daß es ist, und mit dem Geiste, daß es gut ist, du aber sahest das Geschaffene ebenda, wo du es sahest, als es geschaffen werden sollte.
Jetzt drängt es uns, Gutes zu tun, nachdem unser Herz von deinem Geist befruchtet ward, früher, von dir entfernt, drängte es uns, Böses zu tun. Du aber, Gott, Einziger, Guter, hast nie aufgehört Gutes zu tun. Auch wir tun hin und wieder gute Werke, dank deiner Gnadengabe, doch sind sie nicht ewig. Aber wir hoffen, daß wir, nachdem sie vollbracht, ruhen werden, geheiligt und verherrlicht in dir. Du aber, du Gut, das keines Gutes bedarf, ruhest immer, da du selbst deine Ruhe bist. Dies zu verstehen, kann wohl ein Mensch dem andern dazu

helfen? Oder ein Engel dem andern Engel,
oder ein Engel dem Menschen? Von dir
müssen wir's erbitten, in dir es suchen,
bei dir anklopfen. So, nur so werden wir empfangen, werden
wir finden und wird
uns aufgetan.
Amen

In der Reihe «Weisheit der Welt»
sind bisher erschienen

Aesop

Die Grille, der Löwe und die Wahrheit
Die schönsten Fabeln und ihre ewig jungen Lehren

Augustinus

Bekenntnisse
Gedanken und Erfahrungen des großen Gottsuchers

Konfuzius

Der gute Weg
Worte des großen chinesischen Weisheitslehrers

Den Mond kann man nicht stehlen
Beispielhafte Zen-Geschichten aus tausend Jahren

Pascal

Wissen des Herzens
Gedanken und Erfahrungen des großen
abendländischen Philosophen

Saadi von Schiras

Aus dem Rosengarten
Die schönsten Lehrgeschichten des großen
persischen Dichters

Salomo
Weisheiten und Torheiten
Erkenntnis und Lebenserfahrung in den schönsten
Sprüchen des großen biblischen Königs

Shankara
Das Kleinod der Unterscheidung
Ein Juwel indischer Weisheitsliteratur